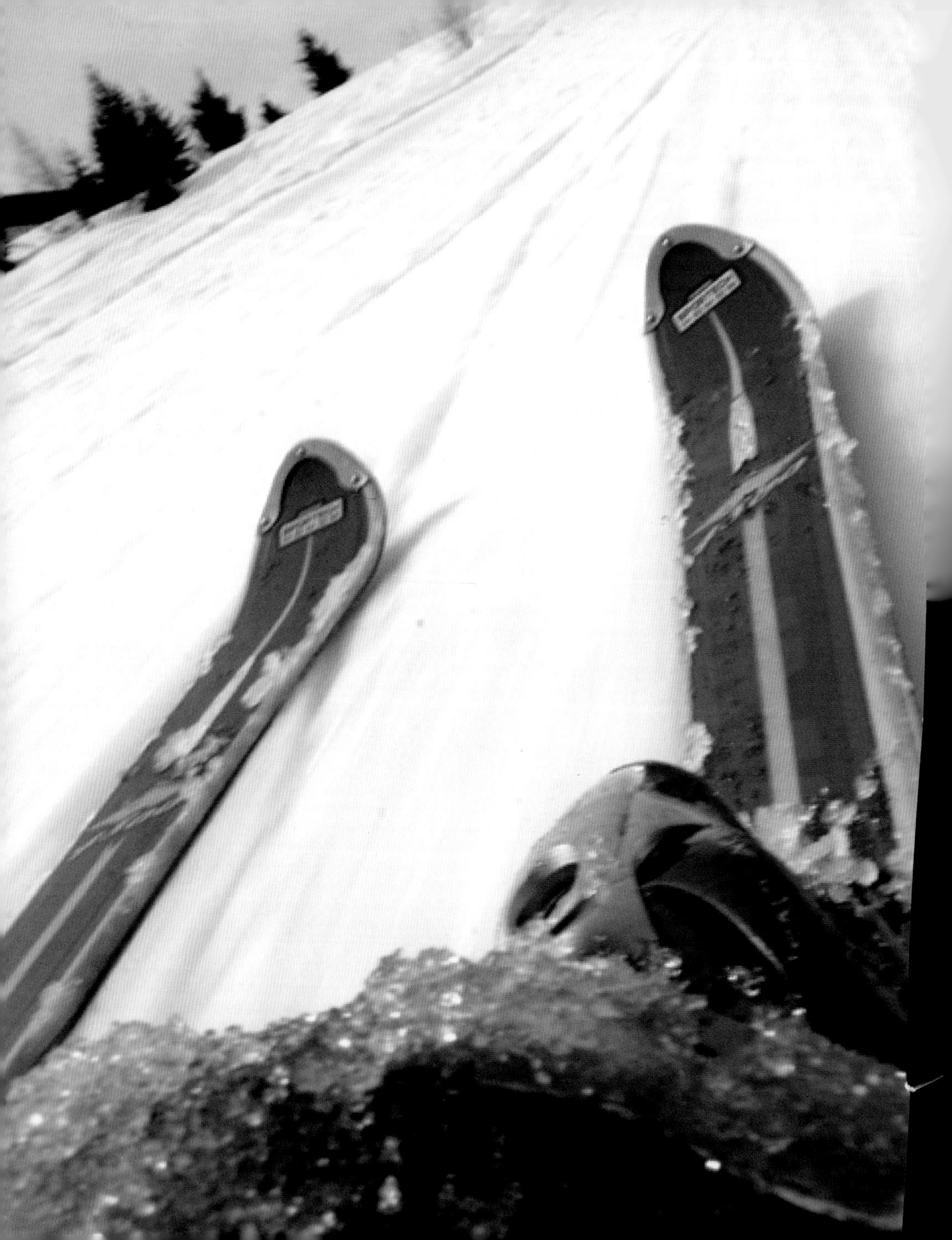

休闲体育丛书

滑 雪

【英】沃伦·史密斯 著
庞敬超 译

人民体育出版社

Original Title:Go Ski
Copyright©Dorling Kindersley Limited, 2006

图书在版编目（CIP）数据

滑雪／（英）史密斯著；庞敬超译.- 北京：人民体育出版社，2011
（休闲体育丛书.2010~2011）
书名原文：Go Ski
ISBN 978-7-5009-4041-8

Ⅰ.①滑… Ⅱ.①史… ②庞… Ⅲ.①雪上运动—基本知识 Ⅳ.①G863.1

中国版本图书馆CIP数据核字（2011）第036305号

*

人民体育出版社出版发行
北京利丰雅高长城印刷有限公司印刷
新 华 书 店 经 销

*

889 × 1194 24开本 6.5印张 150千字
2011年11月第1版 2011年11月第1次印刷

*

ISBN-978-7-5009-4041-8
定价：45.00元

社址：北京市东城区体育馆路8号（天坛公园东门）
电话：61751482（发行部） 邮编：100061
传真：61751483 邮购：67118491
网址：www.sportspublish.com
（购买本社图书，如遇有缺损页可与发行部联系）

Fun 2

目 录

如何使用本书和所配DVD	10
为什么滑雪？	12

滑雪去吧! 14
立即开始…… 16

服装与装备
完整的装备	18
服装	20
防护装备	22
滑雪靴	24
固定器是如何工作的	26
滑雪板的科技特性	28
滑雪板与滑雪杖的选择	30
携带与呵护滑雪板	32

高山安全
雪道规则	34
高山上的安全保证	36

滑雪前的健身
为何要为滑雪而健身	38
滑雪前的练习	40
准备活动与放松	42

学习基础知识 44
立即开始…… 46

学会行走
寻找滑雪学校	48
穿入固定器中	50
采取动态站姿	52
踝关节屈曲练习	54
平地滑行	56
第一次坡度滑行	58
起身	60
平衡与移动训练	62

犁式滑降
学习犁式滑降	64
控制犁式滑降的速度	66
犁式转弯	68
用大腿操控滑行	70

自由滑行
犁式滑降转弯的衔接	72
拖牵器与缆车	74

平行式转弯 76
立即开始…… 78

如何进行平行式转弯	80
切坡与侧滑	82
如何控制内侧腿	84
J形转弯	86

运用节奏进行平行式转弯	88	为何陡坡速降的难度大	120
双腿的操控性	90	建立信心	122
		如何顺利征服陡坡	124

保持双板平行
移动至平行	92	猫跳	126
踝关节屈曲练习	94	立即开始……	128

点杖动作
点杖动作原理	96	初学者的雪堆	130
点杖动作的练习	98	猫跳技巧	132
		高难度猫跳	134

回转
立即开始……	102	更进一步	136
		立即开始……	138

了解回转
回转的科学原理	104	**野外滑雪**	
利用滑雪板板刃	106	什么是野外滑雪？	140
		野外滑雪的初学者	142
		更多粉状雪地滑行技巧	144

回转技巧
富有变化的角度	108	**自由式滑雪**	
操控力	110	自由式滑雪的初学者	146
		尝试第一次空中跳跃	148
		进入滑雪公园	150

精练技能
均衡的站姿	112	**更多内容**	
处理作用力	114	有关滑雪的网站	152
		滑雪词汇	154

陡坡速降
立即开始……	118

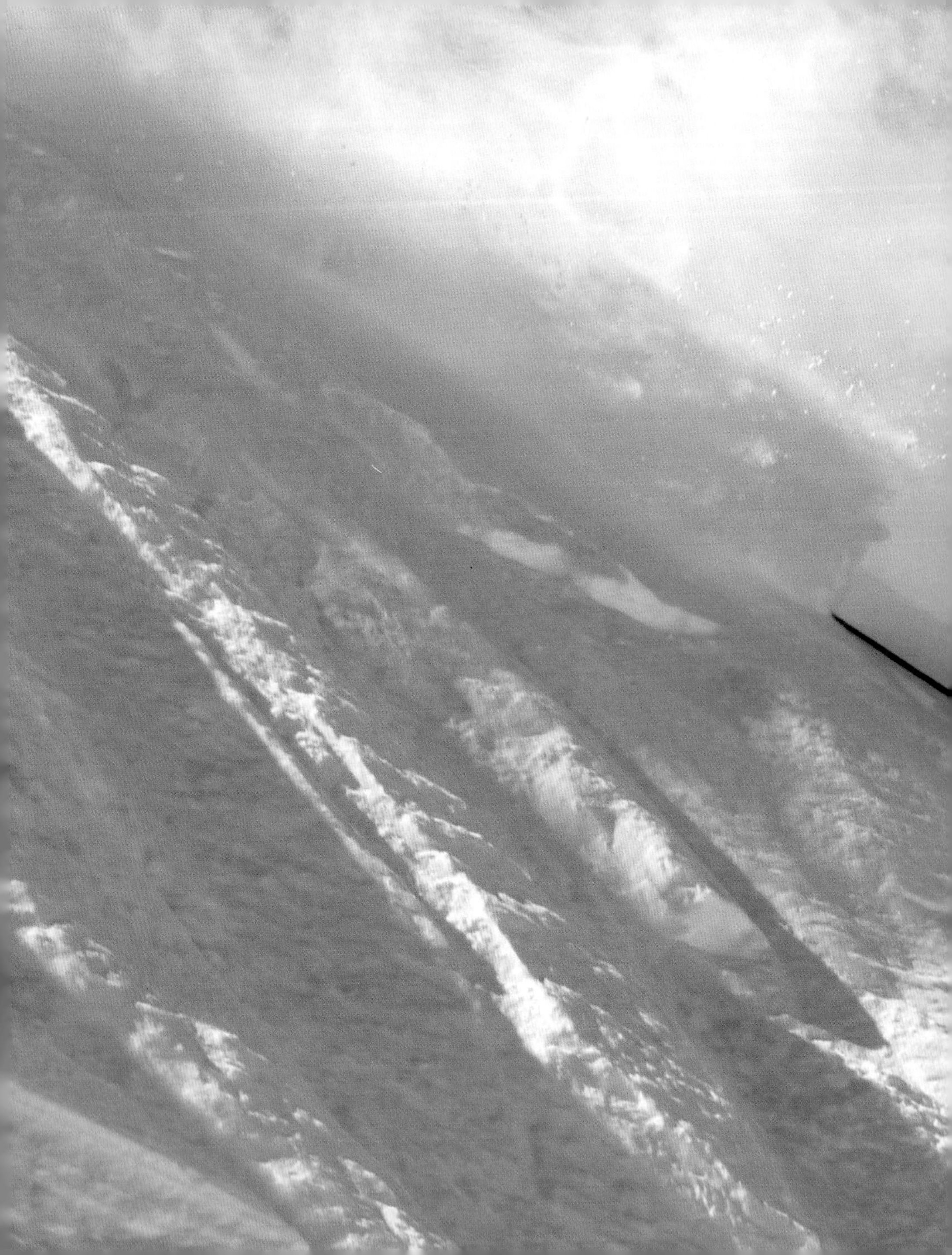

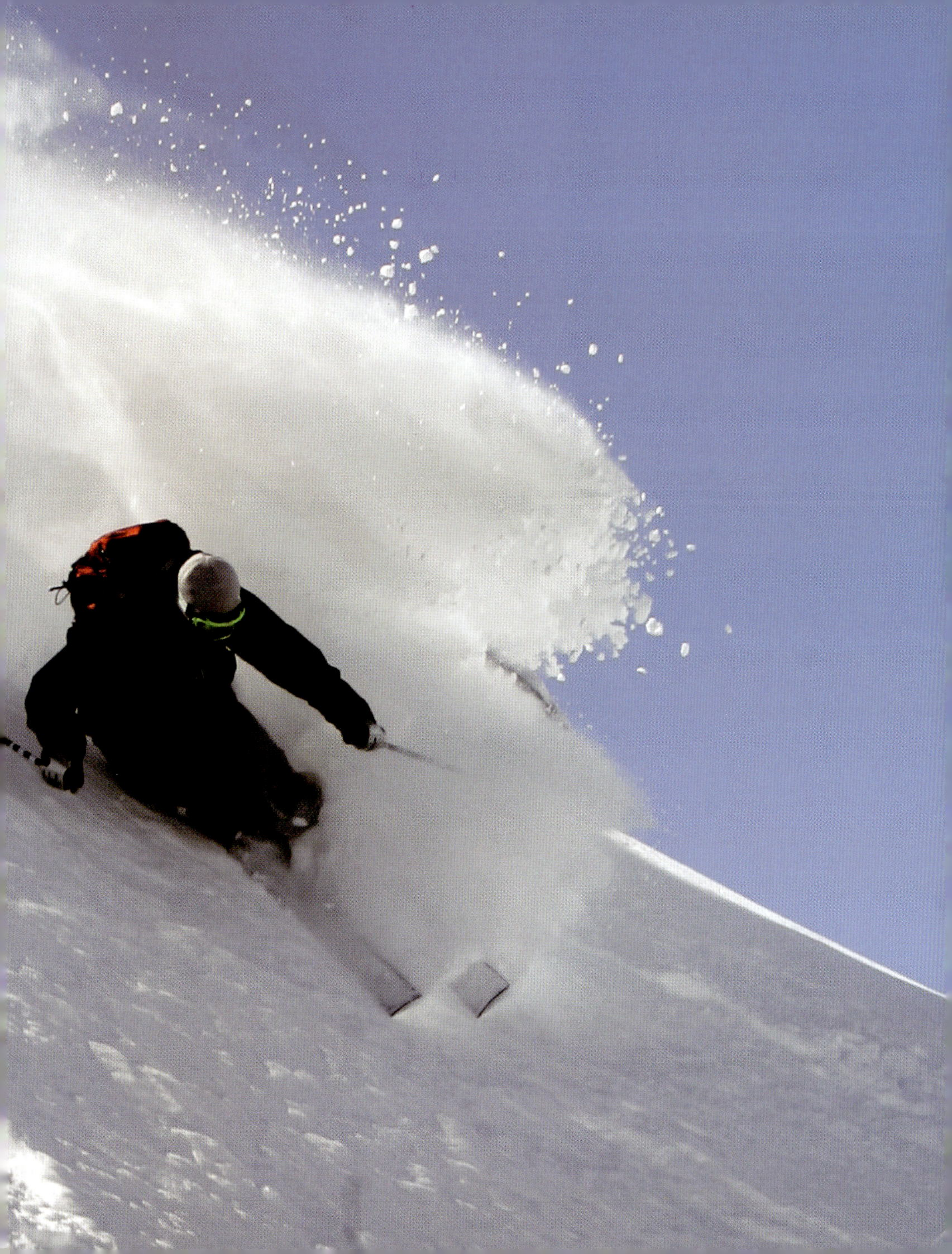

如何使用本书和所配DVD

这套完整详尽的图书和所配DVD，能够帮助你增强踏上雪道的勇气与信心。阅读本书的同时请参看DVD光碟中展示的技术要点，它提供了清晰适时的画面，并将重点动作拆解为慢镜头一一显示，同时你也能从书中获取更多的相关信息与帮助。

使用本书

第一次踏上雪道就像是一次冒险，你将开始一段令人兴奋的征程。本书解释了进行双板滑雪时所必须掌握的知识，并为你增强自信。同时每一页都有与之匹配的DVD光碟的镜像进行演示。

参见
DVD第五章

观看光碟

当你在书中看到这个标志时，可在DVD光碟相应章节中看到动作的演示。

使用DVD

作为本书的有效配套手段，该光碟是精确学习各种动作与重点技术的最佳补充。使用DVD中的主菜单，观看各个章节，并且还可以根据需求反复多次观看相关画面。

参阅本书

当你在DVD中看到这个标志时，请参阅书中相关页码并仔细阅读。

为什么滑雪？

在松软洁白的雪上滑行，在山岭中连续数英里的滑雪穿越是你体验惬意生活的最佳选择。在滑雪这项运动中，成功或失败都是那么令人兴奋、刺激，这是一项让你欲罢不能的运动，因为你面对的山岭环境使得雪面总是千变万化。从野外的松软雪面到被紧密压实的雪场雪道，滑雪将使你面临各种不同的挑战，同时也能让你不断发掘自身体能与技巧的无限潜能。

在本书中你将学习滑雪的基础原理和进阶技巧，学会在各种雪地状况与环境中如何保持平衡、驾驭回转以及控制姿态，同时了解滑雪时体能的需求与如何强健肌肉，这是提高滑雪技术的重要之处。本书对各类技巧与相关练习都作了清晰明了的阐述。当你读完这本书时，你将能全面彻底地了解滑雪这项世界上最伟大的运动。

请全身心地学习、体验，并保持积极探索和勇于创新的态度，创造更多激动人心的滑行奇迹！

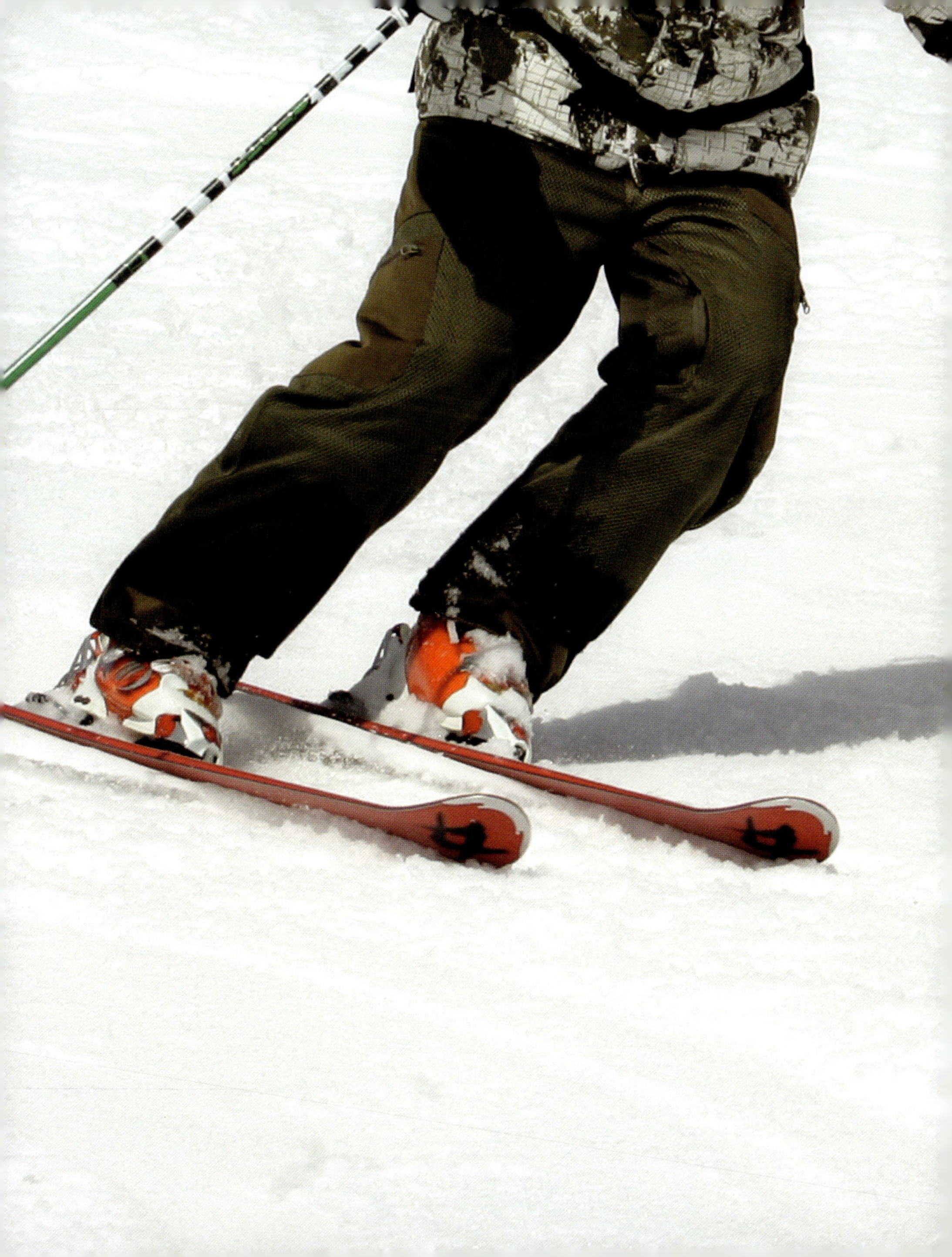

滑雪去吧！

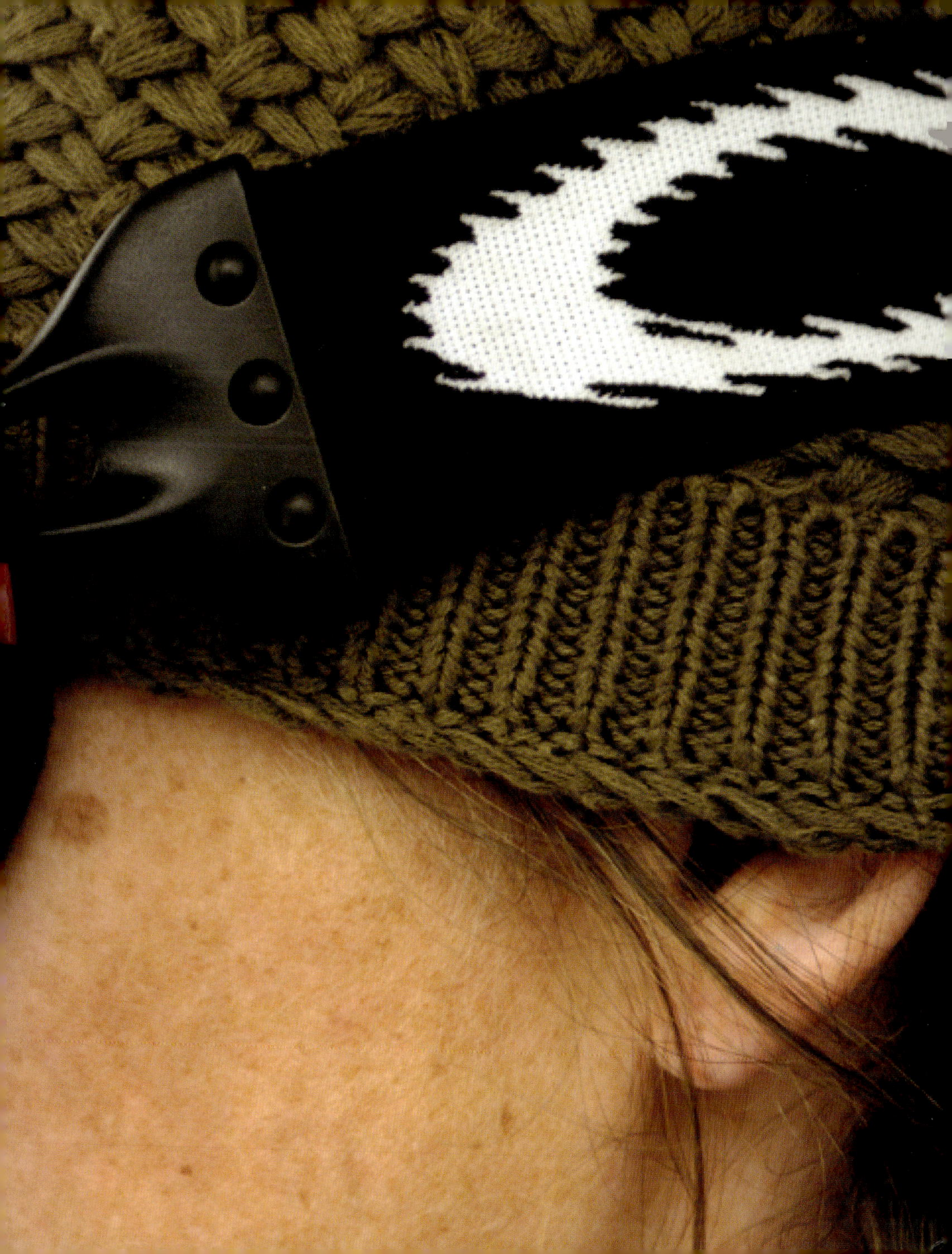

16 滑雪去吧!

立即开始……

服装与装备：第18-33页

在走上雪道之前，你需要配备合适的滑雪服装与装备。滑雪服装必须保暖，同时具有透气性，以保证运动时所产生的体温与汗水得到及时的排放。滑雪板与滑雪靴则需要根据身高与体重、滑雪技术与滑行地形而选择。

高山滑雪安全: 第34-37页

滑雪最重要的就是安全。由于滑雪场地的海拔高、气温极低、雪地状况多变、地域广宽，因此，在滑雪以前，非常重要的是，要为安全问题做好一切准备。当你进行滑雪运动时，必须遵循滑雪场地对雪道的各项规定，并注意当地各类重要信息，比如天气预报、雪道地图以及有关雪崩的警告。

滑雪前的健身准备: 第38-43页

滑雪是一项需要足够体力与耐力的运动，尤其当你在高海拔地区滑雪时更需要具备这两个至关重要的体能条件。滑雪前进行肌肉的训练和准备不仅能提高滑雪的技能，而且还能大大地降低运动损伤的风险。

完整的装备

拥有合适的装备与服装能让你的整个滑雪过程安全舒适,也能更好地享受滑雪带来的乐趣。首先需要滑雪板、滑雪靴、雪杖、固定器,以及功能性面料的滑雪服装、手套、雪镜和帽子。

正确使用以上装备,能够使你在滑雪中可能受到的伤害降到最低。最不可或缺的装备或许就是功能性面料制成的滑雪外套与雪裤了。如果没有穿着滑雪专业服装,你将不可避免地遭受极端低温的侵害。滑雪靴是否合脚直接影响你能不能快乐地度过每个雪季,而选择合适款式与长度的滑雪板则与你的体重与滑雪技能有着重要的关联,同时也能为你提供更为愉悦的滑雪体验与感受。

雪板
请确保使用的雪板与你的滑雪技术、体重、身高相匹配。

固定器
雪板上的固定器可以根据你的体重与滑雪技术进行调节。务必请专业人士为你安装和调试。

雪杖
使用的雪杖必须轻盈、坚韧,有舒适的把手,同时还必须有腕带。

滑雪裤
滑雪裤必须宽大舒适,确保你在做滑雪动作时的行动方便。

服装与装备

雪镜
选择雪镜时请记住不同规格的镜片适用于不同的光照状况。

滑雪帽
人体30%的热量是从头部流失的,因此必须配戴保暖舒适的滑雪帽。

滑雪外套
滑雪服必须能够适应各类天气情况和滑雪动作,而且透气性好。

手套
滑雪手套必须防水。不同类型的滑雪手套适合于不同的气温条件。

滑雪靴
滑雪靴需要贴合脚部。如果你经常滑雪,最好拥有一双属于自己的滑雪靴,这比每次租赁滑雪靴要更合适。

服装

高海拔地区的低温与滑雪时身体产生的热量,要求滑雪服装必须具备隔绝冷空气与保持空气流通这两项功能。

为了在滑雪时保持温度,你必须拥有下述滑雪服装,即一件滑雪外套、一条滑雪裤或者双背带滑雪裤、一双带内衬的手套、一件抓绒衣或毛衣、一些加厚的滑雪专用袜子与一顶滑雪帽。如果气候异常寒冷你还必须准备几件保暖内衣。

正确穿着滑雪服

滑雪者通常穿着3~4层服装来维持正常的体温。最好是多穿几件稍轻薄的服装,而不是只穿着1~2件厚重的衣服。

内衣

这是最重要的部分,一般选择经过处理加工的聚酯纤维制成的服装。最好选择贴身吸水类型的内衣,既能吸汗又能排汗。

保暖衣

保暖衣必须能够隔热保温,通常采用轻盈的抓绒材质,具有透气的功能。

外套

即指滑雪外套与滑雪裤,兼具防风、防雨与透气功能。

如何选择

在选择滑雪服时，要注意以下要点：

- 滑雪手套必须贴合手部，这样可使手部保持适合的温度。确保手套具有防水薄膜，手腕部位配有可防止冷空气与湿气进入的弹性带扣。

- 滑雪帽必须完全隔热。

- 滑雪袜比普通袜子更适合滑雪。在小腿与脚底部分的面料应加厚、加密，脚趾部位稍薄可以避免运动中的束缚。

- 雪裙位于滑雪外套的下部，防止雪的进入。

- 热压薄膜制成的拉链与缝合条可防止水分渗透进入滑雪外套。

22 滑雪去吧！

防护装备

滑雪时，你需要采取适当的防护措施以保护自己不受自然环境的伤害，即使当你在一个相当良好的雪地和气候条件下滑雪时，你仍然需要采取一些防护措施。在低温情况下，无论你是高手还是新手，当进行高速滑行或者在野外滑雪时，你都需要专业防护装备。在各种自然环境发生变化时，正确穿戴这些装备将最大程度地降低受伤的几率和运动风险。

防护必需品

雪镜能保护双眼避免阳光照射和风雪的干扰。雪镜比普通太阳眼镜更安全，如当不慎摔倒时镜片不会破碎。金黄色反光镜片适用于阳光直射状况，银色反光镜片适用于光线明亮或混合光线的状况，橙色镜片适合在阴天或者多云天气下使用。

滑雪头盔能够保护人体最脆弱的部位——头部，并且最大程度地减少从高处跌落时受伤的风险。

混合光护目雪镜　　　**低光护目雪镜**

更多防护装备

勇于挑战极限的滑雪者需要较特殊的防护装备。护甲与护臀在野外滑雪时尤为重要,当然在正规雪道中进行高速滑雪时也需要它们。如果你是个野外滑雪爱好者,那么以下物品必须携带,以备万一发生雪崩时能保护自己:

- 雪崩无线电接收器 它既可以发送信号,也能接收其他无线电发射器的信号。

- 雪崩探测仪 可探测并定位被掩埋在雪地下的滑雪者。

- 小型超轻便雪铲 当雪崩发生后可协助挖掘被掩埋的滑雪者。

- 背包 可装上探测仪、雪铲以及其他重要物品,如高能量的食品与水。

滑雪靴

滑雪装备中的滑雪靴是最重要的一件物品。它们为你的双脚服务，并连接着你的身体与雪板，因此必须选择合适尺码与款式的滑雪靴。如果滑雪靴太紧，滑雪时就会对你的脚部有所损伤，如果太松，你就无法获得足够的力量驾驭滑雪板。

滑雪靴结构

滑雪靴的形状是为了滑雪者在运动时感受舒适，往往会在上搭扣处有个微小的前倾角度。

强力带扣

强力带扣是帮助滑雪靴最上端的搭扣收紧，并为小腿部进行支撑。

外壳

外壳采用有支撑力的材质，使得滑雪时产生的作用力可以直接传送到雪板上。

坚固的靴底

靴底采用坚固的材质，并且靴头可直接卡进固定器中。

合适的滑雪靴

选购滑雪靴的最佳场所是享有盛誉的滑雪用具商店，他们拥有极富经验的店员以及合适的滑雪装备，其中包括滑雪靴。

- 穿上滑雪靴，站立并系紧带扣。如果带扣需要使劲才能系紧，就意味着这双滑雪靴对你来说可能偏大。

- 大拇趾必须正好触碰到雪靴的前端。

- 弯曲脚踝，将身体的重心移至滑雪靴的鞋舌部分，此时大拇趾能够在雪靴前端活动。

- 当前倾身体或者向前移动脚踝时，脚跟未从雪靴底部离开

- 确保脚踝在缓慢上升运动时仍然可以保持自由屈曲的灵活性。

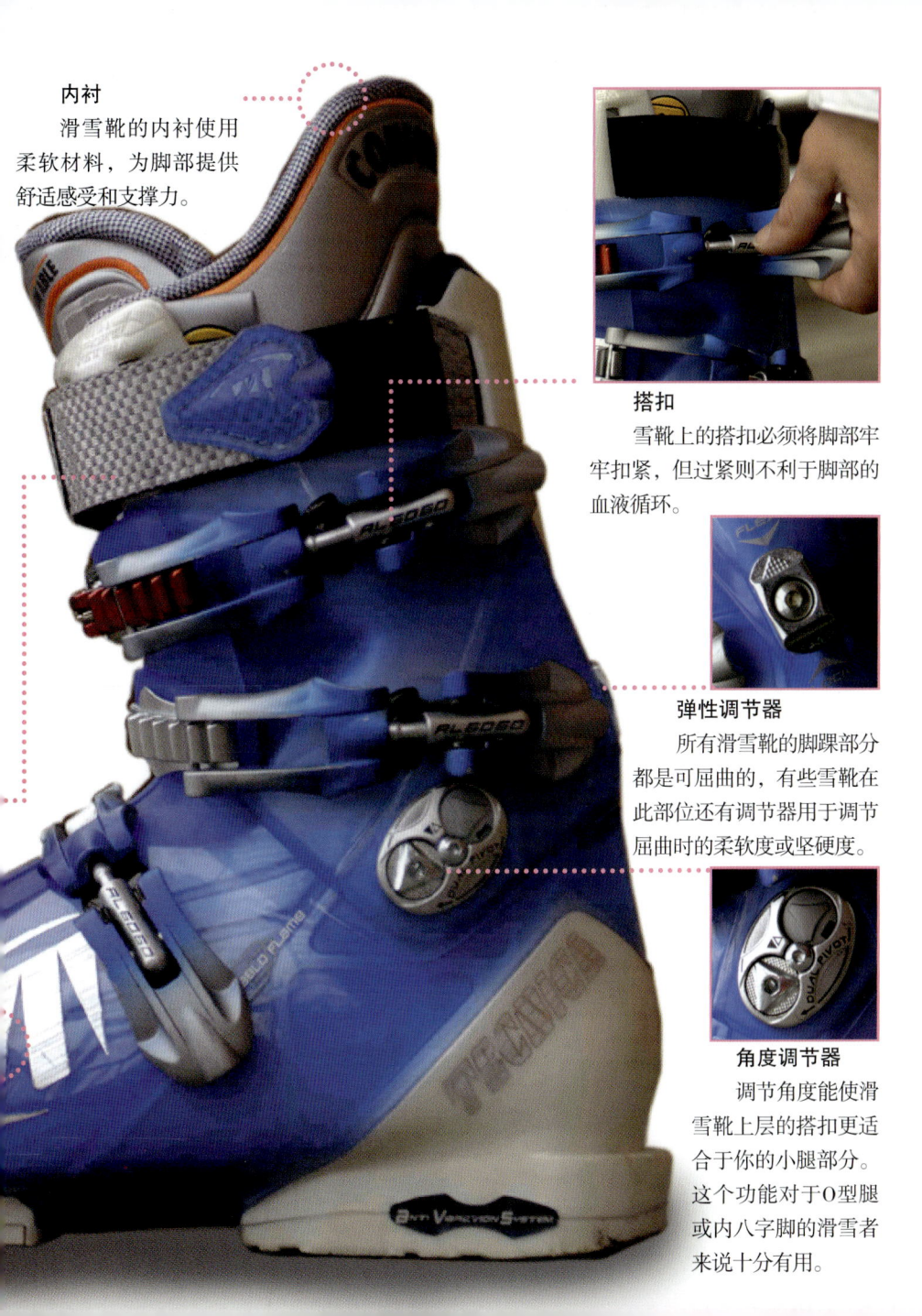

内衬
滑雪靴的内衬使用柔软材料，为脚部提供舒适感受和支撑力。

搭扣
雪靴上的搭扣必须将脚部牢牢扣紧，但过紧则不利于脚部的血液循环。

弹性调节器
所有滑雪靴的脚踝部分都是可屈曲的，有些雪靴在此部位还有调器用于调节屈曲时的柔软度或坚硬度。

角度调节器
调节角度能使滑雪靴上层的搭扣更适合于你的小腿部分。这个功能对于O型腿或内八字脚的滑雪者来说十分有用。

固定器是如何工作的

固定器将滑雪靴连接在滑雪板上，并将雪靴上的力量传输到雪板上。每副固定器包括前端与后跟部分、两个刹车以及防摩擦装置。固定器同时配有弹簧装置用于释放来自雪靴的强大力量，因此当你摔倒时滑雪板就会自动脱离。这个功能可以降低跌倒时雪板对于腿部的伤害，特别是膝关节与踝关节部位。

固定器必须正确调节，因为它是依据个人标准，如身高、体重、滑雪技术等设定合适的时机进行自动脱离。所以，建议你最好请有专业资质的人员为你调节。

固定器前端
如果雪板侧面的压力较大，固定器的前端部分将弹起使雪板脱落。

刹车盘
滑雪靴向下踩踏刹车盘，刹车将提起。

防摩擦装置
防摩擦装置的光滑表面能防止滑雪靴在脱离固定器时不会被卡住。

滑雪靴与固定器前端
滑雪靴鞋头部分进入固定器前端，使固定器与滑雪靴稳固地相互联结在一起。

刹车
刹车是用来防止脱离后滑雪板的滑失，它具有弹簧装置，在滑雪靴离开固定器时，滑雪板将在刹车的作用下停留在雪地上而不是顺势滑走。

后跟
如果滑雪者向前跌落，弹起后跟使滑雪靴向上脱离。

固定卡销
当你将滑雪靴后跟卡入固定器，固定卡销会向上弹起。按下固定卡销雪靴便可脱离。

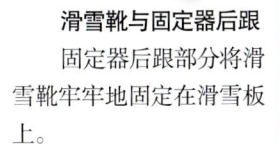

滑雪靴与固定器后跟
固定器后跟部分将滑雪靴牢牢地固定在滑雪板上。

调节固定器
滑雪板固定器根据你的身高、体重与滑雪技能来计算何时进行自动脱离，这一数值的大小是使用DIN螺丝来进行调节的。可在固定器的头部与根部用螺丝刀进行调节设置。务必请专业人员为你调节此项设置。

滑雪板的科技特性

滑雪板不是"用木头制成的木条",在它身上体现了现代科技的最新成果。现代的滑雪板是由复合木材、钛金属甚至碳纤维等高科技材料制成,同时也有很多滑雪板还设计了合成固定器系统,能有效提升滑雪时的弯道性能,并且更易于操控,为滑雪者提供了更多可能性。

滑雪板的腰线
滑雪板的形状直接关系着转弯性能的高低。雪板的每个边缘所呈现的弧度称为"腰线",也就是板头与板尾较宽,板身较窄所形成的曲线。腰线半径越小,雪板的转弯半径也越小。

扭转刚性
当板头与板尾向相反方向扭转,会产生扭转阻力,扭转刚性越强韧,板刃侧切雪地的抓地力就更强。

板刃
所有滑雪板都具有金属板刃,当倾斜时具有一定的抓地性能。为了保持最佳性能,板刃必须时刻保持锋利的状态。

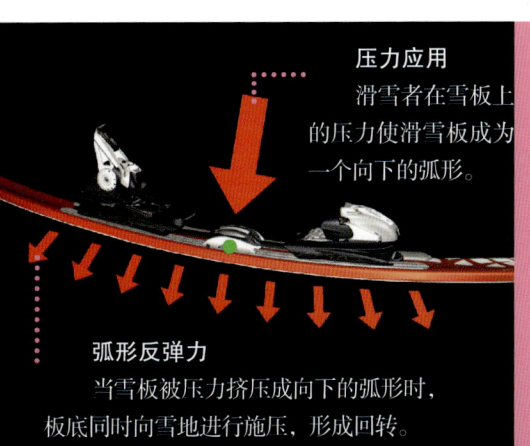

板底
板底是用聚乙烯材料制成，在雪地上滑行时可将雪板的阻力降到最低。

压力应用
滑雪者在雪板上的压力使滑雪板成为一个向下的弧形。

弧形反弹力
当雪板被压力挤压成向下的弧形时，板底同时向雪地进行施压，形成回转。

弯曲与弧度
雪板的不同类型决定了弯曲的程度。通常初学者选用的雪板要比高级滑雪者使用的更柔软一些。滑雪板的弧度设计使雪板侧身形成一个弧形。当滑雪者在转弯时给予雪板压力，雪板会将压力分散至板侧。

滑雪板与滑雪杖的选择

选择装备时首先要选择合适的滑雪板。需要考虑的重点在于滑雪板的弹性,弹性好的雪板滑行时更易于移动与操控。滑雪板的腰身弧度越大,回转的半径就越小。在选择滑雪板时,请根据你的身高、体重、滑雪技能以及滑雪场地进行综合考虑。

滑雪杖的选择

滑雪杖可调节长度,通常是由铝合金制成,末端尖锐并且有底座,可防止末端过深地插入雪中。滑雪杖顶端有手柄与腕带。在滑雪者不断提高滑雪技能的同时,滑雪杖一直帮助其进行平衡与把握各种时机。在选择合适尺寸的滑雪杖时,请切记,当你踏上滑雪板时你的高度会增加、滑雪杖的末端会插入雪中,因此不要握住手柄来试,而是将滑雪杖颠倒过来,用手握住末端的底座稍向下,同时前臂保持水平。

滑雪板的类型

不同的滑雪类型关系到滑雪板的选择,因为不同款型是为了不同的滑雪需求而设计。如果你喜欢回转或者速度雪道,一副强韧和沙漏形状的雪板具有强大的抓地力以及操控性。如果你喜欢在粉状雪的情况下滑行,那么稍长、稍宽的山地滑雪板则能够在雪地中轻巧穿行。

障碍滑雪雪板

偏短的滑雪板有比较大的腰身弧度,更适合进行较小半径的回转。

大型障碍滑雪雪板

比普通障碍雪板稍长,但弧度更大。此款版型适用于转弯半径较大、滑行速度更快的回转。

两头相等的自由式雪板

这款滑雪板在进行跳跃与技巧滑行时更易于弯曲,同时也可转换方向(倒滑)滑行。

高山／野地雪板

这是最长的滑雪板,但腰身弧度最小,适合多变与粉状雪面。

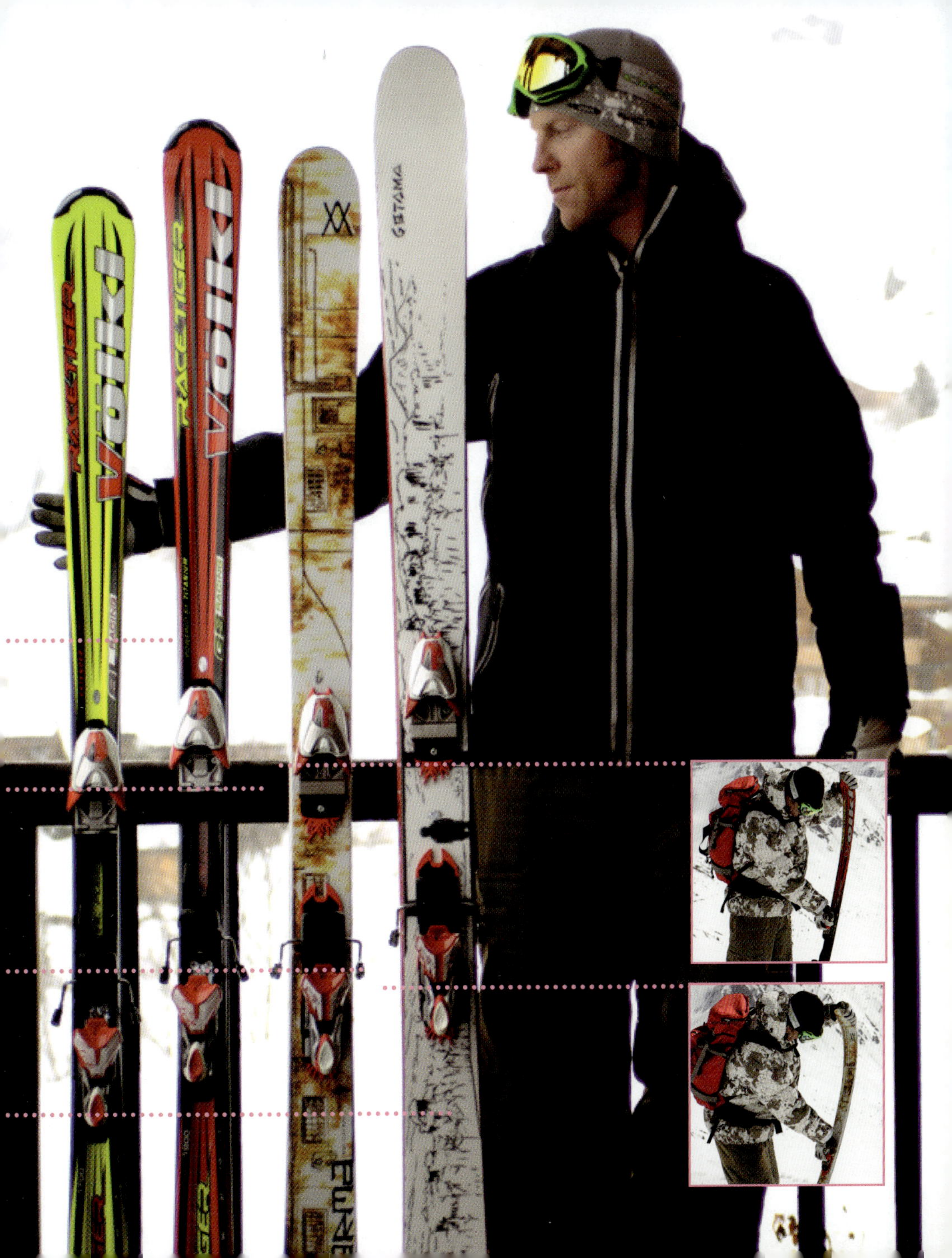
Völkl
RACE TIGER
Völkl
RACE TIGER
GOTAMA

携带与呵护滑雪板

如果你能够在平时仔细呵护你的滑雪板，它们就可以持久如新。有几个步骤可以确定滑雪板始终处于良好状况。

雪板最重要的部位是滑雪板的板底，这是最为脆弱的部位，极易被刮伤或者出现凹陷。请不要交叉板头或者板尾，在往山顶行进时要避免被其他滑雪者冲撞。

滑雪板的板底与板刃必须在专业的雪具店进行维护保养，每次滑雪后用柔软的布将这两个部位擦干。如果每次不擦拭滑雪板上的水，板底将变得不光滑并影响滑行速度，金属板刃会被雪水腐蚀降低切雪能力。

当你需要携带滑雪板时用尼龙搭扣将它们固定在一起，这能确保板刃保持锋利。正确地携带滑雪板与雪杖可减少对于器材的损伤，同时也减少了对别人的意外伤害。

1

携带滑雪板

在拿起滑雪板前，将板底面对面地放在一起，然后确保你已握住两块雪板的边缘后同时拿起。

携带滑雪板的其他方式

　　滑雪板也可用手臂或者肩膀进行携带。将雪板放在肩膀上方,有固定器的一端置于肩膀后并抬高板尾,这样就不会碰撞到其他人。

2 当你将滑雪板垂直时,将两块雪板的刹车相互锁住,这样雪板就合拢了。

3 握住雪板位于固定器前端的下部,向上举至胸部并紧贴身体。

4 另一手拿滑雪杖。不要走得太急促,切记,滑雪靴在雪上行走容易滑倒。

雪道规则

滑雪时,你必须首先观察地形、察看标识、了解地形的规律,以确保自己和其他滑雪者的安全。如果你这样做了,你就会发现滑雪场有不同的雪道标记,这些标记告诉你不同难易程度的雪道并向你发出警告。你必须遵循10条国际通用的规则。

任何一家对外营业的滑雪场都会提供按比例缩小的地图,该图标记出所有雪道的位置和缆车类型,因此你必须在每次滑雪时带上它。在你获取缆车证时可索取一张地图,而雪道地图同时也对各种标记进行详细的注解。

安全规则

国际雪联（FIS）制定以下10条安全规则：

1. 滑雪者不得侵害他人。

2. 滑雪速度必须适合个人能力与实际状况。

3. 在前面的滑雪者可优先通行。

4. 如果有足够的空间，可以超越滑行。

5. 如果开始助跑，滑雪者必须首先查看上坡的情况。

6. 在能见度低的情况下，滑雪者不应停留在狭窄地段。

7. 滑雪者在步行时应紧贴一侧。

8. 滑雪者必须遵重雪道上的所有标记与记号。

9. 在发生事故时，滑雪者必须责无旁贷地进行协助。

10. 发生事故时，当事者必须互相交换姓名与住址。

36 滑雪去吧!

高山上的安全保证

滑雪是一项充满刺激、乐趣和享受高山环境的运动。像许多运动一样,滑雪也存在一定风险。滑雪时对于雪地环境、天气以及其他状况的了解可以保证你的安全。

察看天气变化

当你滑雪时最重要的是对气候变化的掌握。高海拔地区气候变化非常迅速，变化程度也比较极端。如果气候恶化，当你完成一次雪道滑行后就应立即停止。经常收听雪崩警报十分重要。

遇到事故怎么办

- 保护伤者不要再被其他滑雪者碰撞，在确认安全的情况下将你的滑雪板交叉插在雪地中以此警示其他滑雪者。

- 检查有无各种危及生命的症状，例如，意识模糊、流血以及呼吸薄弱或暂停等。

- 如果你没有急救资质，在对伤者进行抢救前应先在现场求助相关专业人员。

- 请不要尝试移动伤者，因为他的脊椎与颈椎有可能已经受到伤害。

- 保持伤者的体温与舒适。

- 向雪场巡逻队发出警报。当你购买缆车证时请向他们索要联系号码。如果你无法发送警报，请派人前往最近的缆车，工作人员可以通过无线对讲机获取支援。

38 滑雪去吧！

为何要为滑雪而健身

由于滑雪通常都在假期进行，因此它是一项娱乐性的运动。尽管如此，你还是应该了解滑雪对身体各部位性能需求的重要性。滑雪运动所必备的身体条件，就是你的肌肉群需要有良好的状态。同时你也必须了解重力对关节的影响。

腹横肌
包裹着人体躯干侧部的腹横肌帮助臀部保持稳定，同时维持强韧的躯体。

臀部内收肌
位于大腿内侧，臀部内收肌在侧转腿部时发生作用，并协助操控滑雪板。

缝匠肌
缝匠肌用于帮助腿部内侧转动，并协助滑雪板的控制。

髋屈肌
主要由髂肌与腰肌以及其他小群肌肉组成。髋屈肌帮助身体在受到推力后倾时保持垂直，在每天滑雪后需要很好地伸展这个部位。

四头肌
这些肌肉需要非常强壮，保证膝关节自由的弯曲并吸收震荡力量。

滑雪时需要使用的肌肉

滑雪时，你会感到某些肌肉群以及身体的相关区域都在剧烈地运动，这些部位（下图标注部分）需要不断加以锻炼。下背肌、脊椎和腿部肌肉需要保持良好状态。在滑雪之前为你的肌肉进行准备工作，运用第40–43页的一些练习可提高运动表现，并减少受伤的风险。

臀中肌
位于臀大肌的下部，这块肌肉将帮助你操控旋转滑雪板，给予腿部在操控时更强的支撑。

臀大肌
臀部最大的肌肉就是臀大肌，是臀部最重要的伸展肌，它与臀屈肌联合工作帮助你保持稳固的姿态。

股后肌群
股后肌群帮助膝关节保持灵活，并起到减震作用。

腓肠肌与比目鱼肌
这些肌肉对于滑雪靴的灵活性操控具有重要意义。在滑雪后伸展这两块肌肉能保持良好的弹性。

腰部肌肉
下背肌与腹肌共同工作，是来自躯干的核心力量。每天滑雪后需要适度伸展。

滑雪前的练习

滑雪之前进行锻炼是十分有必要的。请确认在你的健身计划中已经加入对于大小腿和臀部的练习，并在滑雪前两个月开始进行，最好是隔天练习一次。

小腿练习

紧实的小腿可以更灵活地控制滑雪靴。抬起一只脚向前一步，将脚跟平放于地面上，缓慢地向前做弓步状，保持20秒钟。每条腿重复三次。

1 腿部操控肌肉练习

很多滑雪者缺乏腿部力量。抬起一条腿，移动膝关节横越身体，但不要扭动臀部。

2 控制大腿移过身体，达到尽可能的最大幅度，同时不要扭动臀部。

1 **髋关节练习**
这项练习主要是帮助臀部进行转动。将手放在臀部上方帮助固定。

2 向左移动双脚，直到不能再移动为止，此时保持臀部始终向前，用双手控制臀部的转动。

3 将双脚向反方向转动，想着你的腿部正在转动。重复以上练习20次。

3 然后大腿向外伸展，将脚部抬至另外一条腿的膝关节处，你可以感觉到腿部肌肉在用力。

4 向外打开到最大幅度，让脚部向下，进行25次转动。每条腿重复三次以上练习。

准备活动与放松

滑雪前进行准备活动是非常必要的,同样滑雪后的伸展放松也很重要。长时间的滑雪会使肌肉变硬、变紧,并将压力直接作用于后背,导致踝关节的灵活性受到影响。滑雪前对肌肉进行热身,缓慢地滑行15分钟,然后将每个准备动作进行两次。在每天滑雪结束时,最后一次滑行必须是柔缓的,然后将四个伸展动作进行两次。以上放松动作最好在滑雪结束后的20分钟内完成。不要每次滑雪都将全部体能耗尽,应根据个人的体能状况控制运动时间和强度。

a 活动股四头肌与股后屈小腿肌
缓慢抬起腿向前、向后20次,用滑雪杖作为平衡支撑。不要摇摆腿部,运用肌肉抬举。保持身体不动,臀部也不转动。

b 活动大腿
用滑雪杖作为平衡支撑,抬起膝关节并悬空。将滑雪靴搁至另外一条腿的膝关节上。移动腿部横越身体,在另一肩下方位置停止,然后移回来。每条腿重复上述动作25次。

c 活动腹部肌肉
平躺，活动腹部肌肉群。后背着地拉伸腹部肌肉群。将一腿伸直，缓慢举起、放下。重复10次，然后换另一条腿进行。

d 伸展股后屈小腿肌
缓慢下蹲，将重心放在后腿膝关节处，伸展前腿，感觉前腿的后部有拉伸感，保持20秒钟，然后换另一条腿进行。

e 伸展臀肌
后背着地，抬起膝关节，将一只脚放在另外一条腿的膝关节上，慢慢将这只脚拉至胸部前方，保持20秒钟，然后换另一条腿进行。

f 拉伸腰部
后背着地，将一条腿拉牵越过另外一条腿，屈膝，将身体向相反方向伸展，保持20秒钟，换另一条腿进行。

g 伸展髋屈肌
单腿向前方迈出下跪，缓慢弯曲前腿膝关节，使臀部向前移动。感觉你的后腿有拉伸感。保持20秒钟，然后换另一条腿进行。

参见
DVD第一章

学习基础知识

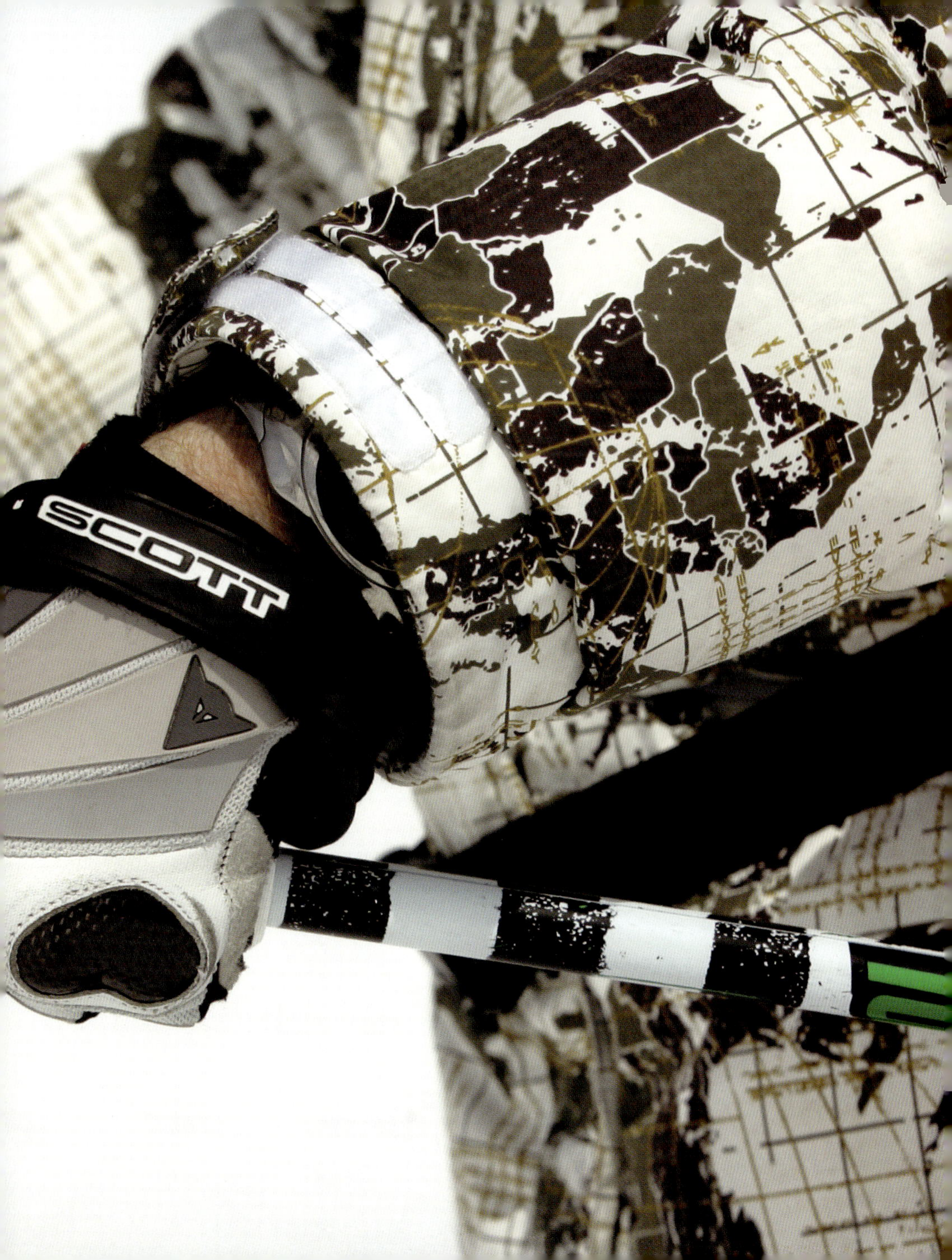
SCOTT

学习基础知识

立即开始……

学会行走：第48-63页

在开始滑雪前，你应该先进入滑雪学校，在那里可以学到滑雪的基础知识。滑雪学校的课程将帮助你学会正确的滑雪姿势和正确使用滑雪装备，同时也能帮助你改进姿势、掌握平衡，以及所有在初级雪道上所必需的基础技能。

犁式滑降：第64-71页

练习滑雪的最重要一课是学会如何控制速度。犁式滑降方式不仅能够使你学会如何控制速度，而且它也是学会转弯的基础。这是基础的一课，对于你的滑雪技能将有显著地提升。

坡度滑行：第72-75页

当你掌握了犁式滑降并可以自信地进行转弯时，就可以接触更多样式的坡度滑行。你将开始从更高处向下滑行，并且使用滑雪场的一些缆车设备。此时真正的乐趣才刚刚开始！

学习基础知识

寻找滑雪学校

在你开始滑雪的第一周，滑雪教练是非常重要的，你最好不要尝试自学。因此，在你将要前去的滑雪场选择滑雪学校就显得尤为重要。

许多滑雪者在学会基础转弯后就停止了学习课程，这使他们的技能止步不前。要真正学会回转转弯、速降、猫跳与自由式滑雪，就需要不断地进行滑雪培训。这些技能不仅使滑雪充满乐趣，而且还能有效提升你在滑雪时的安全系数。

考虑要点

- 如果你跟随外籍滑雪教练员学习，请确认拥有足够的语言能力可以理解那些滑雪技能。

- 在滑雪学校的课程中，你参加的小组最好不多于10个人。

- 在前往滑雪场前，请预订滑雪课程，确保课程的正常进行以及免去不必要的等候。

- 如果你对于技巧的讲解不能完全理解，请要求教练员向你详细阐述。

- 如果教练员对你进行额外辅导，习惯上需要另外支付小费。

- 请切记你有权利对任何不满意之处进行投诉。

儿童

儿童滑雪课程与成人稍有不同。儿童小组通常都会穿着鲜亮色彩的背心，如此可轻易地在山坡上被辨认。儿童课程通过各种游戏和友谊赛，比如速度比赛等进行教学。很多滑雪场有儿童滑雪乐园，具有各种充满趣味的设备帮助孩子们保持滑雪的兴趣。

50 学习基础知识！

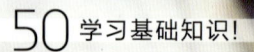

穿入固定器中

1 踩到滑雪板上

将滑雪靴靴底的积雪清除干净，并用滑雪靴底将固定器前尖的积雪也清除干净，进行以上动作时可用滑雪杖进行支撑。

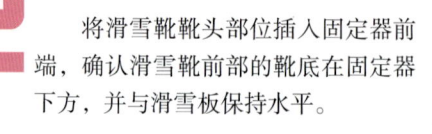

2 将滑雪靴靴头部位插入固定器前端，确认滑雪靴前部的靴底在固定器下方，并与滑雪板保持水平。

1 从滑雪板中脱离

从滑雪板中脱离时，看着固定器后跟部分，用滑雪杖的杖尖顶住固定卡销上部。

2 将力量移至滑雪杖，对准固定器后跟部用力下压，解除固定器后抬起滑雪靴靴跟，与固定器脱离。

穿入固定器以及脱离滑雪板可能对于第一次滑雪的人来说有点难度,但有几个简单的技巧可以快速掌握。当你的滑雪靴卡入固定器后,雪靴就被牢牢的固定在了滑雪板上。固定器内部有定位弹簧可以使滑雪靴固定不动,除非当你摔倒时才会使滑雪靴脱离滑雪板,这就减小了发生事故的风险。

3
将滑雪靴后部与固定器后跟部对齐。这对于脚与滑雪板是否平行至关重要。

4
当你确认靴头与靴跟准确就位后,脚跟处用力下压,直到滑雪靴牢固地与固定器联接。

单脚练习
为了有在雪上滑行的感觉,尝试单脚穿上雪板进行移动,这样可以帮助你更好地掌握平衡并且为正式滑行做好充分准备。选择一块平坦的区域或者一段较缓的坡道进行练习。使用滑雪杖进行支撑,将力量集中于穿入雪板的那条腿,抬起另外一条腿感觉如何在移动时保持平衡。用以上方式行走或者滑动1~2分钟直到找到感觉,然后更换另外一只脚进行单脚练习。

学习基础知识

采取动态站姿

动态站姿在滑行中十分重要,因为这是一项地面情况在不断变化的运动。滑行的雪道可能会坑坑洼洼,你得学会不断调整站姿来适应这样的变化。

动态站姿中的身体

滑行时的动态站姿,身体的每个部位都会发挥至关重要的作用:

- 头部—头脑越冷静,越能更好地保持平衡。

- 肩部—肩部可能通常都在左右摇摆,但当你在高速回转时肩部会降低,而在猫跳或者野雪状况下则向上耸起。

- 腰部—柔韧的腰部吸收震动,调整并保持臀部的姿态。

- 手部—手持续做小幅度的调整,以保持平衡。

- 臀部—臀部周围是力量集中区域,可在滑行时提供更多力量。

- 膝部— 膝关节的弯曲度可保持平衡,但如果过度弯曲也将失去平衡。

- 踝部—保持脚踝的灵活性可以使膝关节自然地保持弯曲。

头部
保持头部挺直,视线向前

手部
保持手部在两侧伸直并稍向外,不超出视线范围

学会使用你的脚 53

滑行中的动态站姿

滑行者在下降时，身体的姿态和关节的弹性能够确保其保持平衡。采取动态站姿也能在高速滑行中确保腿部有足够的力量进行缓冲，反之则会摔倒。

腰部
稍屈膝下蹲

肩部
保持肩部成圆周运动而不是向前耸起

膝关节
保持膝关节的弹性以维持平衡

臀部
启动臀部的核心肌肉群，保持臀部位置不超过两脚前缘

脚踝
保持脚踝部位的灵活性，以使膝关节伸屈自如

参见
DVD第一章

踝关节屈曲练习

滑雪时踝关节的屈曲十分重要。腿部的所有可屈曲关节（如踝关节、膝关节和髋关节），需要不断地进行屈曲，以保持臀部停留在两脚的前缘后方。这时腿部的作用就像连接两端的杠杆一样，起到辅助调节的作用。

1 踝关节屈曲练习

当脚部插入固定器后，请确保滑雪靴牢固且舒适地固定住了你的双脚。伸展脚踝直到你可以舒适的直立为止。

2 缓慢地屈曲踝关节，感受小腿压住滑雪靴的靴舌。当你做出这个动作时，你会逐渐开始在雪面滑动。

学会使用你的脚 55

很多人在开始学习滑雪的时候，通常都不能正确屈曲脚踝。初学者经常过多屈曲膝关节。如果脚踝不能充分屈曲而膝关节却屈曲过度，在滑行时就会失去平衡。如果使用错误的身体姿势，那么用腿部操控滑雪板将非常困难。

3 确认你的臀部在屈膝时越过了双脚脚踝的位置。同时膝关节必须保持在固定器前端之前，滑雪靴的靴舌必须保持最大限度地弯曲。

参见
DVD第一章

错误的做法
如果不能充分地屈曲踝关节，就会造成膝关节屈曲过度，使你向滑雪板后方倾斜下坐，由此将使操控雪板变得困难。

平地滑行

最快找到操控滑雪板感觉的方法是在平地上进行滑行，这是在开始正式滑雪前热身的一个好办法，同时对于学会如何使用最小的力量就能在平地上前进也很有益。在平地上滑行的感觉与直排轮滑或者溜冰有些相似，如果你曾经进行过这两项运动，那你一定会比别人掌握得更快。

1 在平地上滑行

确定前行的方向，稳固地抓住滑雪杖并将其向前插入雪地，以此为支点用力将自己向前推动。

2 右边的雪板保持平稳，发力蹬踏左边的雪板开始向前滑行。

1 抓握滑雪杖

正确握持滑雪杖的方法是将手掌穿过滑雪杖的绑带，使之宽松地围绕在手腕处。

2

将滑雪杖手柄部分朝向手掌放置，确认手柄的方向正确。

3

用四个手指紧握滑雪杖，将大拇指压在食指之上。在跌倒时这种握持方法可保证滑雪杖不会滑脱。

3

右边的雪板起主导方向的作用，将左边的雪板收回到与右边平行的位置。

4

重复以上步骤，蹬踏右边的雪板并将滑雪杖插入前方雪地，支撑并推动前行。

参见
DVD第一章

第一次坡度滑行

你第一次真正的下降滑行将涉及到三项技术，即梯形上坡、绕转滑雪杖和直线下滑。初学时这是上下坡最安全的方法，并能为你带来更多自信。选择一条平坦且够长的初级雪道，这样你可以自然的停下来。在开始滑行前，采用梯形上坡的方式上坡，然后转动滑雪板直到面向山坡。

1 梯形上坡
站在滑雪板上并使其与雪道保持垂直（与雪道保持垂直可防止滑落）。

2 左脚向左侧跨出约半米并踏在坡面上，用右脚支撑并稳固身体。

3 用左脚的滑雪板板刃作为支撑，提起右脚的滑雪板向上爬坡。重复以上步骤直到上到坡顶。

1 首次下坡
当爬至坡顶，你必须旋转滑雪板以面对下坡的方向。随后将滑雪杖插在身体的前方。

2 将身体重心转移到滑雪杖上，手掌向下按压滑雪杖。然后移动滑雪板使之成为三角形，这样可以让滑行的速度减缓并停下来。

3 当准备开始下降滑行时，让两脚的滑雪板保持平行。出发前请务必确认雪道前方无人滑行。

4 将重心从滑雪杖上释放，滑雪板就开始滑行了。维持动态站姿，并抬头直视滑行方向。

将双手置于身体前方有助于保持平衡

膝关节稍弯曲

踝关节屈曲

参见 第一章

起身

在滑雪过程中有件事情迟早会发生，那就是摔倒。如果使用错误的方法，如习惯性地像平时那样依靠脚部支撑起身将让你事倍功半，而且还有造成关节扭伤的可能。起身其实非常简单，积累些经验你就会非常熟练。在起身时放松肌肉，按照以下几个简单步骤你就能很快再次站在雪道上。

学会使用你的脚 61

1 起立

将双脚向臀部移动使身体平衡点向脚部靠拢，这样就容易起身。当你完成这个姿势后，肩膀发力并运用腹肌就可轻松地站起来。

2

在斜坡上检查你的位置。为了成功起身，你的滑雪板必须与斜坡有一定角度，而不是与之平行。如果需要调整位置，就充分利用手中的滑雪杖，将其杖尖插入雪中。

3

使用滑雪杖撑起身体。使用滑雪杖时，尝试将肩和头部向前倾斜。当臀部离开雪地时，借助滑雪杖站立起来。

平衡与移动训练

当开始学习使用滑雪板滑行时，进行一些前期训练将使你获益匪浅，同时也能帮助你掌握更多的在移动中保持平衡的技巧。尽早学习如何在移动中弯曲双腿将有助于提高滑雪技巧，而不要僵硬地使双腿永远保持同一个姿势。在学习滑雪的初期，将重点放在如何保持平衡上，对将来提高技术有很大帮助。为了打下良好基础，请进行以下训练。

a 踝关节屈曲

当开始直线滑降时，使用小腿向靴舌施压，让脚踝缓慢地屈曲。在开始与结束滑行时都重复以上步骤，并保持臀部位于双脚脚踝之前。

b 交替抬脚

当开始学习转弯时，你会感觉每只脚会受到不同的压力。要想尽快适应这种压力，最好的方式是在滑行时左右交替抬起脚部。

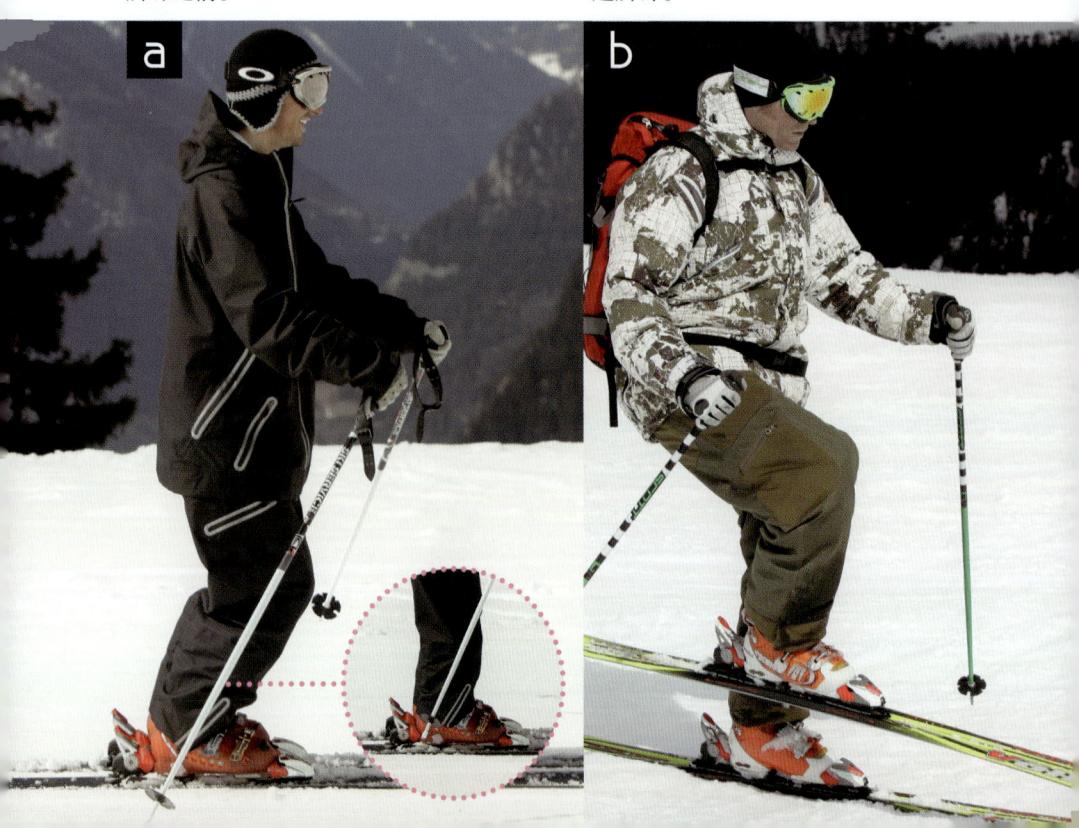

c 触碰滑雪靴

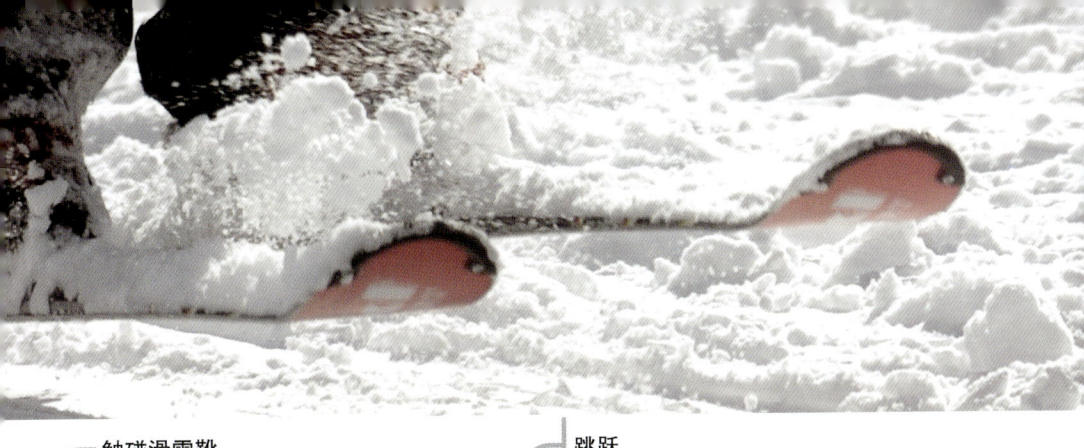

有个不错的方法，即在滑行时起立与下蹲。当直线滑行时，下蹲并触碰你的滑雪靴，然后尽量向上起立。在整个滑行中重复以上动作。

d 跳跃

跳跃可以在很大程度上测试你的平衡能力。屈曲踝关节然后快速向上发力跳起直到滑雪板离开地面。当落地时快速屈曲腿部所有关节，特别是脚踝关节。

参见
DVD第一章

学习犁式滑降

犁式滑降就是滑行时将滑雪板摆成三角形，这样做可以控制滑行速度，对学习如何转弯也很有帮助。在滑行中脚跟向外形成三角形，滑雪板就会依靠内侧的板刃倾斜减速。板刃和滑雪板的形状对控制速度都会有所影响。

犁式滑降姿势的第一步是站于平地上，跳起、摩擦、分开滑雪板成为三角形都需要肌肉的运动，这些也将帮助你熟悉犁式滑行。

a 摩擦形成犁式
对初学者来说，学习犁式滑行就是将滑雪板板尾向外分开。站于滑雪板上，双板平行，滑雪杖撑于雪面。将脚跟向外推出，开始时不要分开太远，然后将滑雪板摆成三角形。

b 跳起形成犁式
当你熟悉犁式姿势后，就可以增加腿部运动来进行练习。抓紧滑雪杖支撑身体，使用腿部向外跳跃，尝试通过跳跃在空中移动滑雪板形成三角形。

犁式滑降的动作分解

在犁式滑降中对称非常重要。如果身体倒向一边，将直接影响滑行的方向。检查视线、肩膀是否保持水平，双手是否保持同等高度，以及滑雪板的角度是否保持均衡。

头部
头部抬起并直视滑行的方向。

膝关节
膝关节保持适度弯曲。过度弯曲将会失去平衡。

板刃
必须使用滑雪板内刃滑行。

滑雪板板头
滑雪板板头之间必须保持15厘米的距离。

踝关节屈曲
双脚踝关节屈曲要均匀，这有利于其他关节部位的屈曲。

参见
DVD第一章

犁式滑降

控制犁式滑降的速度

在犁式滑行中，调整三角形的角度能够增加或者减缓滑降的速度。小角度可以使滑行更快速，大角度可以减速。滑雪板相互之间的距离越远，雪板板刃的切雪角度就越大，滑雪板在雪上受到的阻力也就越大。可运用此项原理在滑降时进行制动。根据以上原理进行练习，能够帮助你增加控制速度的技巧，同时也能提升自信。

1

犁式制动

采用动态站姿，并开始用犁式滑行。滑雪板板头保持大约15厘米的距离。

2

逐步增加脚部张开的宽度，但必须确保滑雪板之间保持固定的角度。

滑雪板保持水平

滑雪板外侧翘起成一定角度

犁式滑降

参见
DVD第一章

3 当滑雪板分开较远时，臀部向下，此时滑雪板向板刃倾斜产生更多阻力，这就能让你停止滑行。

手臂向前

速度控制练习

练习犁式滑降控制速度。开始时在初级雪道练习直线滑行，脚跟向外分开形成三角形，速度就会减缓。在停下来之前，收回雪板并保持双板平行，速度就会增加。在雪道上重复练习。

犁式转弯

当你在犁式滑降中能够熟练制动，并稳稳地站在滑雪板上时，下一个步骤就是学习犁式转弯，这将是你第一次感受左右雪板的不同压力。当你转动滑雪板与坡道形成角度时，地心引力将拉动身体向一侧倒。因此，如果你想向左转弯时，就会感觉右边（即外侧）滑雪板的压力增大。

最佳平衡点

踝关节充分屈曲并让身体重心越过脚部前缘，滑雪板将以此点为轴心转动，这就是"最佳平衡点"。它的关键就在于身体重心不能落到滑雪板的后部，否则滑雪板的板尾会插入雪地而无法完成转弯动作。

脚踝屈曲

最佳平衡点

脚踝屈曲

脚踝屈曲的正确角度将帮助你保持臀部以及身体重心位于脚踝之前，这样才能顺利转弯。

1 **练习犁式转弯**

身体朝向滑行方向，检查身体重心是否平均分布在两脚上，以及分开的角度。滑雪板板头间隔距离在15厘米左右。

2 控制滑雪板从左向右开始转弯。感觉滑雪板以脚部为轴心旋转，保持三角形角度。

3 当你开始进行转弯时，左侧（即外侧）滑雪板的压力较大，而右侧（即内侧）滑雪板的压力则较小。

4 当转弯结束时，滑行速度减缓。继续保持角度并合理运用制动技巧避免急停。

参见
DVD第一章

用大腿操控滑行

在进一步练习犁式转弯之前,有必要学习运用腿部肌肉操控滑雪板。使用大腿操控雪板既有效又安全。

绝大部分滑雪者在控制滑行时使用脚部,这与使用大腿相比力量更弱,同时对膝关节也会造成压力。使用大腿进行操控可以顺畅地转动滑雪板,减少身体上部的转动,这样就能避免失去平衡。

运用你的肌肉

腿部内侧的缝匠肌和梨状肌是用来转动腿部的,而外侧的则是臀中肌、臀大肌与内收肌(请见第38–39页)。

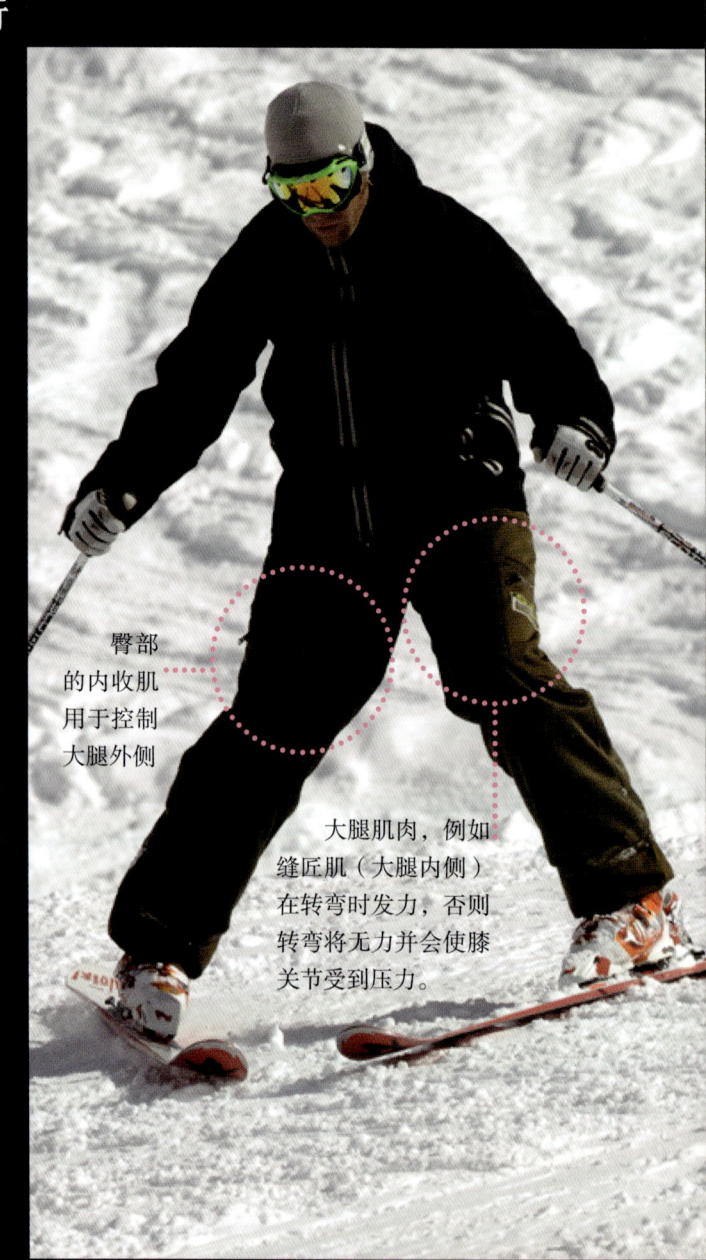

臀部的内收肌用于控制大腿外侧

大腿肌肉,例如缝匠肌(大腿内侧)在转弯时发力,否则转弯将无力并会使膝关节受到压力。

1 练习大腿操控肌肉群

使用滑雪杖站立于雪地上。抬起一条腿并使膝关节高于臀部,然后将腿内收直到碰触到另一条腿的膝关节上方。

2

控制膝关节回到原处,然后保持抬腿姿势并向外侧转动。每条腿重复以上动作20次。

避免身体上部转动

绝大部分人在转动时都会不自觉地转动身体上部,特别是肩与头部。如果使用身体上部转动来控制转弯,将使滑行速度加快并失去平衡。使用大腿操控将帮助你避免上述情况的发生,同时还可以尝试在转弯时保持手部、肩部与头部的水平。

学习基础知识

犁式滑降转弯的衔接

当你熟练掌握任何方向的转弯后,就要尝试将转弯衔接起来。选择练习单个转弯时的那条雪道(请见第68–69页)。你一旦可以将转弯衔接起来,那你的滑雪技能就将踏上一个令人兴奋的台阶。这时的你已经有资格去挑战中、高级滑雪道了。

感受蹬车动作

当开始尝试将转弯衔接起来时,你会发现腿部会有相应的蹬车动作,就好似骑自行车时的那种蹬踏姿势。当外侧的腿转弯向外伸展时,内侧的腿正在弯曲。开始练习的时候,在每个转弯时平均分配腿部的压力,并在倾斜时保持身体重心。

2 开始进行转弯时(左转),加强右侧雪板的压力并伸展右腿,减少左侧雪板的力量同时弯曲左腿。使用腿部力量来操控转弯的弧度。

4 重复蹬车动作以增加滑雪板的动力,并抵消滑雪板所产生的反作用力。记住,使用腿部操控滑雪板顺畅转弯。

各类转弯形式

根据地形、坡面和雪地的不同状况，以及个人经验，你可以进行各种弧度的转弯。较大弧度的转弯需要幅度更大的蹬踏以及操控性，腿部使用的力量也就越强。大转弯的速度比小转弯慢。

1 在开始进行转弯前，双板所受的力量必须平均，滑雪板板头相隔距离为15厘米。臀部必须超过踝关节前缘。

3 向另一侧转弯前，确认身体重心回到了中心点，然后加强左腿力量开始进行另一个转弯。

■ 用力
■ 不用力

a

b

a 大转弯
大弧度的转弯经常使用于陡峭的山坡或者光滑雪面的状况下。对于初级滑雪者来说，成功地完成大转弯也可以增强更多自信。

b 小转弯
小转弯通常在平缓的坡面或者粉雪状况下进行。滑雪者可以更多地享受由此带来的速度感。

自由滑行

拖牵器与缆车

滑雪场的大部分升降工具是拖牵器（如盘式和T型架拖牵器）和缆车。初学者一般都会使用拖牵器。当你需要前往更高的山坡则需要使用缆车。

只要记住几条基本原则，使用拖牵器和缆车就不会那么困难。使用拖牵器最重要的一点是你不能直接坐在拖牵器上，必须站立并保持好平衡，有点类似于滑雪上坡。而当乘坐缆车时，你必须向后看着缆车的到来，一旦坐上缆车座椅就必须系紧滑雪杖，以免落下伤人。

座椅缆车

要乘坐缆车必须向后看着缆车到达，并提前准备好坐姿。当你坐上缆车，请拉下安全栏杆，将滑雪板踏在脚下的雪板槽上。到达山顶后，将滑雪板脱离开雪板槽并抬起安全栏杆。当滑雪板接触雪地时迅速站起并滑离缆车。

1 使用拖牵器
用一只手握住两根滑雪杖，当要向前移动时抓紧随之而来的拖牵器杆，并将其放置于两腿之间。

2 通过拖牵器下面的托盘向前拖动滑雪板。当拖牵器前进时，确保滑雪板相互平行，身体各关节保持屈曲，并对拖杆向前拖动时产生的晃动做好准备。

3 拖杆前行时，你必须保持站立姿势，向前平视，双板平行，并保持始终不超出滑道。

4 当到达终点时，将拖杆从两腿中间放下。从拖牵器处尽快离开，以避免与你身后的滑雪者相撞。

平行式转弯

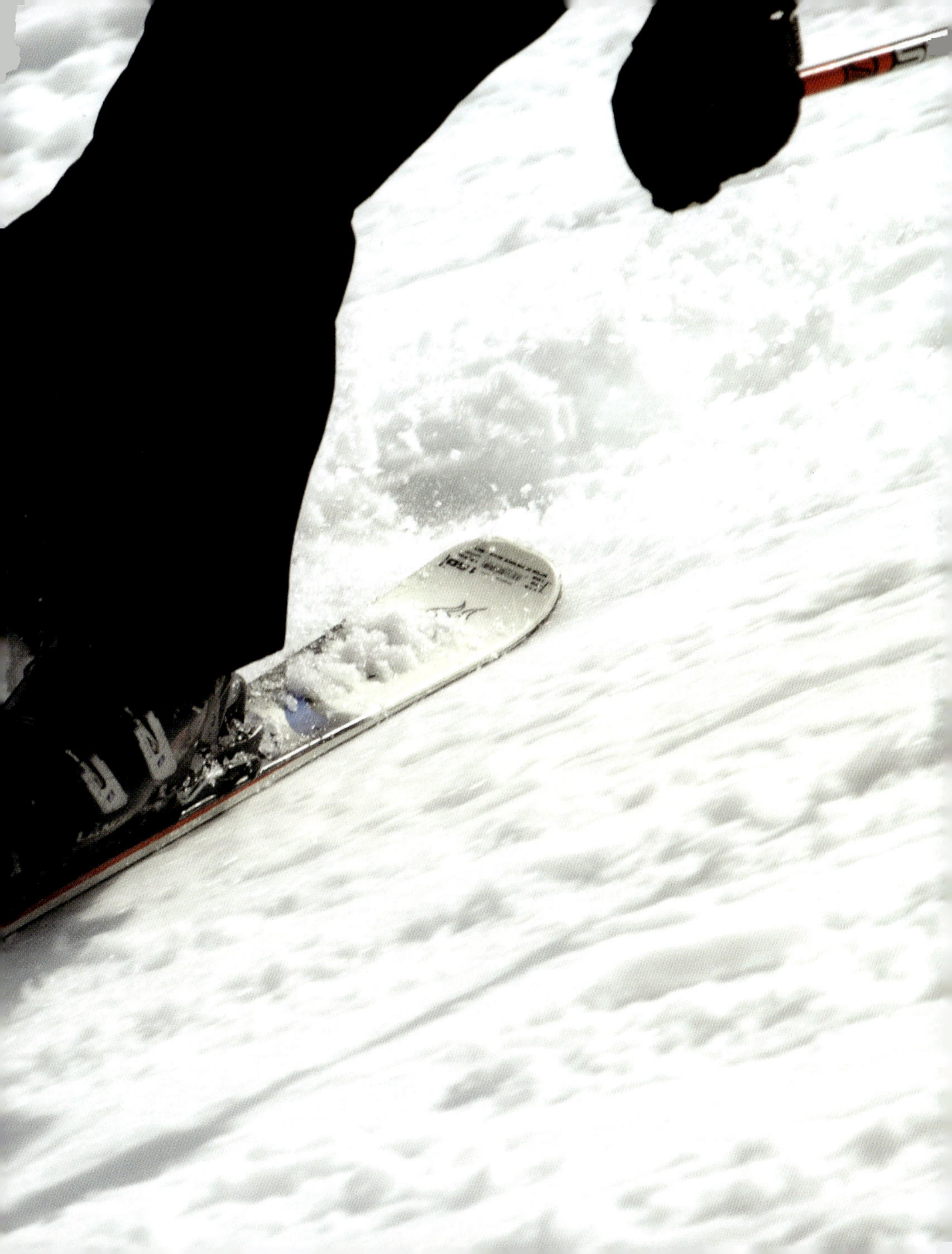

ность # 78 平行式转弯

立即开始……

**平行式转弯的准备动作：
第80 - 91页**

学习平行式转弯必须在熟练掌握犁式转弯的基础上进行。如果你能完美地完成犁式转弯，那么就可以开始学习平行式转弯了，并仔细感受滑雪板板刃带来的切坡与横滑下的感觉，同时专注于两腿的操控动作，使双板同时转弯。

滑雪板的协调性：第92 - 95页

当转弯方式从犁式转变为平行式时，你会发现滑行变得更流畅和舒适。平行式转弯需要在转弯前移动身体重心，转弯时更多地依靠大腿力量来操控，并将上身与下身分为两个部分进行。

滑雪杖的推起：第96 - 99页

滑雪杖的作用之一是使滑行更稳定。滑雪杖能使你在转弯时有四个切点接触雪地，特别是当进行小转弯时，滑雪杖将非常有助于保持转弯的节奏和身体平衡。

80 平行式转弯

如何进行平行式转弯

如何将犁式转弯发展演变为平行式转弯呢？平行式比犁式转弯更有效率，因为在平行式转弯中，滑雪板同时运动而不是交替移动。

在光滑雪面或者粉状雪状况下，犁式转弯的效果不好。如果使用平行式转弯，那么在粉状雪、积雪较厚或野雪状况下，滑雪者可以同时享受切雪的乐趣。

a 平行式转弯
平行式转弯时两块滑雪板要保持相同的角度，在粉状雪雪面以及陡峭地形滑行时双板同时抓地、切雪并且转向相同角度。

b 犁式转弯
犁式转弯时腿部用力不对称，雪板板刃也不同步触雪。因此，同一时间只有一侧的板刃支撑身体。如果双板同时触到雪面，滑行方向将发生偏移。

a
腿部动作相同
腿部、膝部、脚部需要保持相同距离

b
腿部动作不同
腿部、膝部、脚部的距离不同

平行式转弯的动作分解

请注意平行式转弯中滑雪者身体的姿态。臀部位置以及身体重心都在脚踝前缘。滑雪者的上身和下身分别进行运动，膝关节屈曲，大腿与身体躯干垂直。

身体上部
肩膀与臀部保持水平，且面部朝向下降的方向。

大腿
使用腿部肌肉进行操控，通过髋关节协调转动。

脚踝屈曲
踝关节屈曲，协助保持转弯时所需的平衡。

雪板保持平行
双板保持平行，以及相同的转弯角度。

81

平行式转弯的准备

82 平行式转弯

切坡与侧滑

学习切坡能使你在坡面上感受双板板刃抓地与支撑的力量。侧滑是滑行中一项重要的技能,可以帮助你在陡峭山坡滑行时避免危险或高速度。

切坡滑行的目的是控制速度,不致跌落或侧翻。随着技能的不断提高,侧滑技能可以有助于在转弯时将速度控制在合理范围内。同样也将有助于在狭窄地形与猫跳的状况下滑行。

1 切坡
开始滑行时,操控身体与滑雪板横切坡面,而不是直接坡降滑行。依靠坡面走势利用滑雪板板刃使雪板倾斜。

2 利用滑雪杖推动前进,并利用板刃进行切坡滑行。保持腿部操控滑雪板板刃倾斜。

3 首先,切坡滑行几米找找感觉,熟练后尝试滑行更长距离。要时刻观察前方和坡道上方是否有其他滑雪者在滑行。

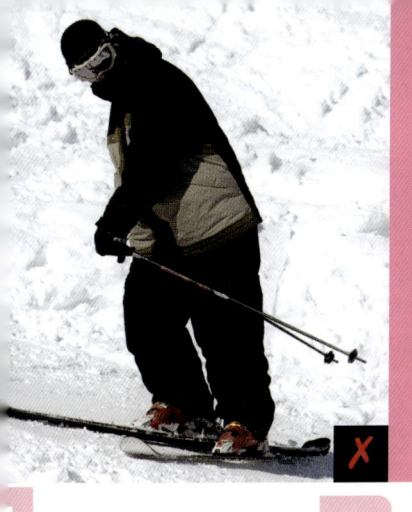

许多滑雪者在利用侧滑变换转弯方向的时候会有失控感。这种失控感会使很多人丧失自信,并且也会因此而习惯性地让其上半身向下坡方向倾斜。这种错误动作会使滑雪者彻底失去平衡,有时还会导致滑雪板向后方脱落。为了避免这种错误行为,请认真按照以下三个步骤滑行,并在练习中保持动作的流畅性,循序渐进地完成侧滑转弯动作。

1 如何侧滑
开始滑行前略微提臀,利用滑雪板板刃将自己稳固地支撑在雪地上。

2
缓缓放松臀部肌肉,将重心慢慢转移到脚上,让位于较低一侧的滑雪板板面着地,板刃能够自由滑动。

3
要停止侧滑,则恢复成开始时的姿势。

肩部
保持肩部与滑雪板平行

视线
面向下坡,视线专注在下降方向

参见 DVD第二章

较低一侧的滑雪板
这只滑雪板的板刃紧抓雪面

84 平行式转弯

如何控制内侧腿

在进行转弯时总有一条腿位于内侧，学会控制这条腿的力量与动作是将犁式转弯顺利过渡至平行式转弯的重要步骤。内侧腿通常是处于被动跟随状态，因而要练习使用这条腿进行主动动作完成转弯，以便随时为另外一条腿的运动提供帮助，这样将使平行式转弯变得更加简单。

1 腿部操控练习
将滑雪杖放在一边，沿着雪道开始向下滑行并进行犁式转弯，将内侧手放在内侧腿的大腿内侧。

2 用手将腿部向外拉动与旋转，这个动作有助于腿部以髋关节为轴进行转动，同时进入转弯操控状态。

3 在转弯中大腿旋转时，滑雪板会自然地随之保持平行，并形成一个对称的站姿。

参见 DVD第二章

内侧腿的操控

为了更好地从犁式转弯进入平行式转弯，要尝试使用大腿肌肉操控滑雪板。大腿肌肉是人体中最强壮有力的肌肉群，有效使用这种操控方式是提升滑雪技术的关键。

旋转腿部

当位于较低一侧的滑雪板支撑身体的大部分重量时，将这条腿向外侧旋转

操控内侧滑雪板

腿部的旋转动作将使滑雪板亦随之旋转，随后两块滑雪板平行并向前滑行

两块滑雪板的协调一致

腿部操控的目的是为了使两块滑雪板协调一致，并在转弯时保持这种对称状态

86 平行式转弯

J形转弯

在学习平行式转弯的过程中,利用J形转弯找找感觉是个不错的方法。它的动作要领是,在坡顶开始向下滑降,当达到一定滑降速度时向一侧转弯。这种转弯动作要比犁式转弯难许多,当停下时,雪板应大概指向坡顶的方向。进行J形转弯时的身体姿态与平行式转弯非常接近,因此在正式开始学习平行式转弯前,多体验一下J形转弯的感觉是个很好的提高途径。

利用J形转弯感受平行式转弯

滑降所产生的速度给予身体较高的动力。当开始转弯时这股力量会将身体重心向斜坡下方拉动,此时较低一侧的滑雪板将比较高的滑雪板承受更大的压力。在转弯过程中,较高一侧的滑雪板所受到的压力会越来越小,也因此更容易调整它的位置以便保持两块滑雪板的平行姿态。

J形转弯的窍门

- 正如我们一直所强调的,那就是平衡最重要。始终保持一个轻松自如的姿势,臀部位于双脚前缘,脚踝保持屈曲。

- 形成一股动力,但开始时不要滑降得太快。在低速状态下对转弯的控制会更容易些。

3 继续控制滑雪板横越坡面,旋转调整较高一侧的滑雪板使之与另一块滑雪板平行。

1 如何进行J形转弯
将滑雪板朝向下坡方向,控制双板之间的夹角慢慢变小,此时滑降速度会相应加快。

2 控制较高一侧的滑雪板横越坡面,仔细感受较低一侧的滑雪板上的压力慢慢加大。

4 在进行横越时,保持身体各关节的灵活性,将高侧的滑雪板保持在一个轻松自如的状态下。

5 旋转调整高侧滑雪板,使之与另一块滑雪板保持平行,并感受双板平行后的滑行感觉直至滑行结束。

参见
DVD第二章

88 平行式转弯

运用节奏进行平行式转弯

现在,你已经掌握了不少控制滑雪板的技巧。在滑行中保持良好的节奏是提升滑雪技巧的下一个课题。练习滑行节奏时,可以将滑雪场地想象成一个宽三四米的雪道,然后在这个"狭窄"的雪道上练习连续转弯来提高节奏感。这个练习可以让你增强转弯时动作的连续性和韵律感。

发展脚蹬板的能力

在狭窄的雪道上连续转弯,当压力在两块滑雪板之间来回转移时,你的双腿会本能地进行脚蹬板动作,这个动作可以让你提升转弯时的节奏感,并且敢于将更大的压力放到重心腿上。滑行时的蹬板很接近脚踏骑自行车的动作,即内侧腿收缩蹬板时,外侧腿向外伸展。在转弯时越早做蹬板动作,则两块滑雪板也越快取得平行。

5 使用蹬板动作来协调重心的转移。内侧滑雪板放松并主导下滑的方向。

1 移动中取得平行
用犁式转弯法开始连续转弯。

2 在第一个转弯结束时,内侧腿放松并主导操控方向。

3 随着节奏感的增强,内侧腿可以更早地放松并带动滑雪板成平行状态。

4 当一个转弯结束时,快速为下一个转弯进行准备,但要避免偏离雪道并保持好节奏。

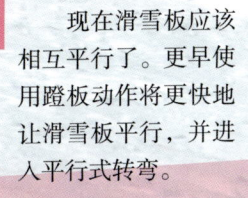

5 现在滑雪板应该相互平行了。更早使用蹬板动作将更快地让滑雪板平行,并进入平行式转弯。

6 良好的节奏感与蹬板动作有助于滑雪板保持平行。

参见
DVD第二章

90 平行式转弯

双腿的操控性

滑雪者最容易犯的错误之一就是在转弯时上身和下身整体移动，也就是说滑雪者在转弯时将整个身体进行旋转以此来带动滑雪板，这将导致滑雪者失去平衡或者滑行不流畅。最佳方法是，单独使用腿部肌肉操纵转弯动作并以此带动滑雪板的转动，与此同时，腿部与髋部的连接关节转动一定的角度，当横越雪坡的时候上身仍然可以面对下坡方向。

上身训练

滑降之前，先设定远处某一点作为参照物，在下滑过程中尽量让你的眼睛和上身始终朝向这个点。这个训练有助于让腿部与上身动作分离开，并用腿部单独操纵转弯动作。

双手放在髋部帮助支撑

将双手放在髋骨位置，仔细感觉在转弯过程中臀部是否有转动，同时双手的支撑将提高髋部的稳定性，帮助双腿做出正确的转弯动作。

1 使用双腿操控平行式转弯

当开始转弯时，将上身正对下滑方向上的某个参照物。这将有利于上身在转弯中始终保持面向下坡的方向。

不要转动肩膀

滑雪者不能用转动肩膀的方式来带动滑雪板转弯。

2

在转弯过程中，使用大腿肌肉操控滑雪板。当腿部进行转弯动作时，髋关节转动以使上身始终面向下滑方向。

转弯动作不分开进行

滑雪者错误地转动整个身体来带动滑雪板的旋转。

3

当转弯角度足够大时，用腿部肌肉控制转弯角度不再继续增加。此时髋部关节会自然地向正常角度回转，这将帮助你顺畅地过渡到下一个转弯动作中。

参见 DVD第二章

失去平衡

滑雪者未能控制好身体重心，同时滑雪板没有与雪坡保持一定角度，这样很容易发生打滑现象。

92 平行式转弯

移动至平行

第一个成功的平行式转弯会让滑雪者感觉良好。用双板同时控制方向会带来流畅的感觉，当动作正确时，平行式转弯将比犁式转弯更轻松省力。

作为一个完整的平行式转弯，还需要在滑雪动作中增加两个额外的元素，即髋部参与操控以及转弯操控的连续性。髋部操控是指髋部前后或左右移动，协助两腿与双板的动作；转弯操控的连续性即保持转弯动作的流畅和节奏感。

1 平行转弯

在转弯开始时，髋部重心落到滑雪板板刃之外，而此时板刃仍在进行上一个转弯动作。

2 当髋部移动时，身体重心随之变动，将身体重心转到内侧滑雪板板刃上，开始进入转弯动作。

如何进行平行式转弯

如果动作过于急促，就会失去连贯性和节奏感，而原本自然流畅的S形滑行轨迹则因此变成了Z形。过大的压力传导到板刃上，向外偏离正确的转弯弧线，外侧滑雪板速度降低，从而导致两块滑雪板无法继续保持平行。

3 使用腿部操控进行连续转弯，而不是使用上身。

4 转弯的角度应该流畅自然。在下一个转弯开始前，两块滑雪板必须保持平行。

参见 DVD第二章

保持双板平行

94 平行式转弯

踝关节屈曲练习

在完成滑雪板平行练习之后，不少滑雪者追求更高难度的技术动作，但却忽视了踝关节的技巧练习，这将在滑行中出现一些问题。如果只屈曲膝关节和髋关节而忽略了踝关节，将会导致膝关节屈曲过度而向雪板后方下坐，使滑雪者失去平衡。

1 屈曲脚踝
将滑雪杖插入雪地支撑身体，抬起较低一侧的腿，屈曲另外一条腿的脚踝关节，在正式开始训练之前测试一下它的灵活性。

2
依然依靠滑雪杖的支撑，抬起较低侧的腿，用力屈曲与伸展另一条腿的脚踝关节，也就是类似单脚跳的动作。

3
继续做单脚跳动作的同时，在空中做转体180°，在每次着地时踝关节都要做出有弹性的屈曲动作。

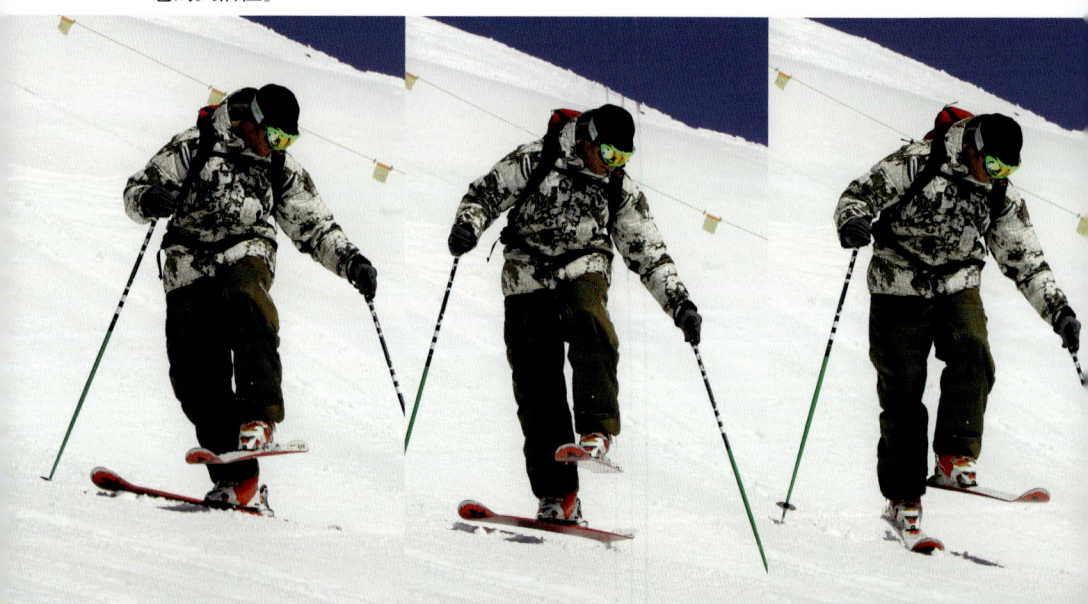

保持双板平行

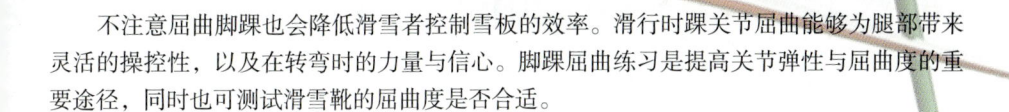

不注意屈曲脚踝也会降低滑雪者控制雪板的效率。滑行时踝关节屈曲能够为腿部带来灵活的操控性，以及在转弯时的力量与信心。脚踝屈曲练习是提高关节弹性与屈曲度的重要途径，同时也可测试滑雪靴的屈曲度是否合适。

4 当脚着地时，请注意不要将重心放在滑雪板的后部。

5 继续蹦跳与旋转，仔细体会屈曲脚踝的感觉，以及使用大腿，而不是脚来进行转体动作。

6 用另外一条腿重复以上各项动作。

点杖动作原理

一旦你掌握了基本的平行式转弯技巧后，会很快发现点杖动作（即将滑雪杖插入雪地）在转弯中的重要性。

　　点杖的要领在于时机，保持点杖动作的节奏感，转弯也随之变得具有韵律感。同时滑雪杖为你提供了支撑点，在进行速降、猫跳和自由式滑行中让你更平衡稳定。

两臂呈O型

　　双臂保持椭圆姿态，在滑雪杖插入雪地时可以更容易发力。这种姿态减少了前臂向外翻转的可能，也因此降低了上身旋转的风险，否则将导致滑雪者失去平衡。

两臂呈A型

　　很多滑雪者采用这种姿势，但以这种姿势做点杖动作时，前臂将会向两侧外摆，上身就可能旋转并失去平衡。

点杖动作

在开始转弯时将滑雪杖插入雪地，两根雪杖有节奏地连续移动，即一根雪杖落地时，另外一根向前移动为下一个转弯进行准备。滑雪杖是除滑雪板之外连接身体与雪地的第三个接触点。

手臂呈O型

保持手臂呈椭圆形姿态，以此保持上身的力量以及稳定性。

身体重心

点杖动作有助于滑雪者在进行转弯时调整身体重心。

滑雪板平放

由于臀部重心移到脚部外侧，滑雪板受力点也随之从右侧板刃转向左侧板刃。

点杖位置

将滑雪杖向转弯时处于内侧滑雪板的前方倾斜插入。

点杖动作的练习

基础的平行式转弯的点杖动作比较简单,但当进行较高级别的滑行动作,例如,速降、猫跳、自由式以及高速转弯等时,强有力的点杖动作就显得尤为重要。在滑雪者尝试增强点杖的力度时经常会出现错误动作,如用力地上下摆动双臂。以下是增强点杖力量的几个步骤,这些动作都能帮助你保持双臂的稳定性,同时提高点杖动作的力度。

1 **点杖果断**
点杖之前,使用左手手腕将滑雪杖向前方摆动一定角度。

2 采用之前练习过的O型姿态,将滑雪杖用最大力量点击雪面。

3 开始转动右手手腕,为下一个点杖动作进行准备,并继续保持双臂的O型姿态。

手腕的转动

　　富有力度的点杖来自于手腕力量的正确运用，而不是双臂的摆动。原地站立，练习只用手腕将滑雪杖前后摆动。当感觉顺畅时，开始在滑行中继续练习手腕动作。

4 　　调整好滑雪杖的角度能够增强动作的力度。

5 　　完成上述动作后，手腕上下转动以保持O型的双臂姿态。

6 　　进行下一个点杖动作前，使用左手手腕调整滑雪杖的点杖角度。

回转

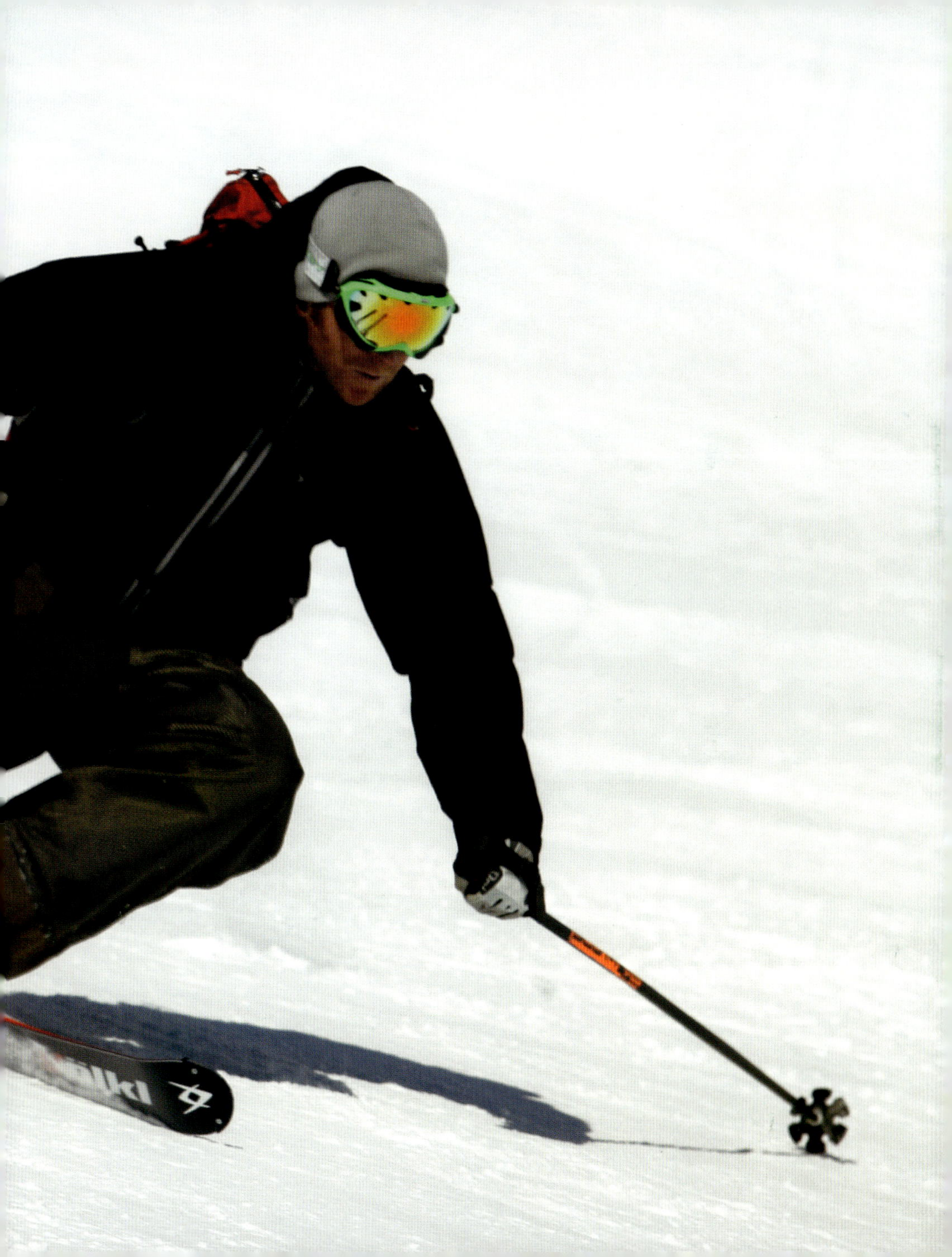

102 回转

立即开始……

了解回转：第104-107页

滑降时各种不同的力量在发生作用，如重力使你向下，而离心力在你转弯时使你偏离方向。了解和学习回转的过程其实就是了解所有作用在你和滑雪板上的各种力量，并最终掌握它们为你所用的过程。同时学习如何利用滑雪板的形状来进行滑雪。

回转技巧：第108-111页

为了提高回转技巧，你要更多地在转弯中使用双腿力量，并加强操控的连续性。按照书中步骤进行正确练习后，你的回转技巧将有所提高。

精练技能：第112-115页

当你掌握回转技巧后，就可以进行较高速的滑行。高速滑行会对板刃带来更多压力，对此你必须小心，任何站姿上的瑕疵都会对滑行产生负面影响。正确均衡的站姿是回转动作的必要条件。

回转的科学原理

回转就是根据滑雪板腰线形状，用板刃在雪面切割出匀称而清晰的弧形，同时尽量减少滑行时所产生的侧滑。在熟练掌握平行式转弯后，回转将是一种新挑战，同时也能带来新的乐趣，为此你需要更进一步地学习滑雪技巧并认真了解滑雪时作用于身体的各种力量。

回转的弧度基本取决于滑雪板的形状（腰线弧度）。滑雪板的腰线弧度越大，越可以轻松地切割出匀称的弧形，而腰线弧度较小的滑雪板则意味着必须付出更大的努力来控制雪板的回转。

事半功倍

在未经滑行过的雪面上，回转留下的轨迹十分清晰。上图中的滑雪者在回转时有效地控制各种物理力量并为其所用，相比平行式转弯，他更多地使用了外力而不是自身的力量来帮助自己完成滑降。正因如此，回转比普通平行式转弯更轻松愉快。

拔河练习

在回转中，你将感受到体重所产生的离心力作用于板刃之上。为了控制这种力量，你必须将身体向弯内倾斜。为了更好地感受这一姿势，可以请你的朋友在静止时拽住你的手臂进行静态练习。

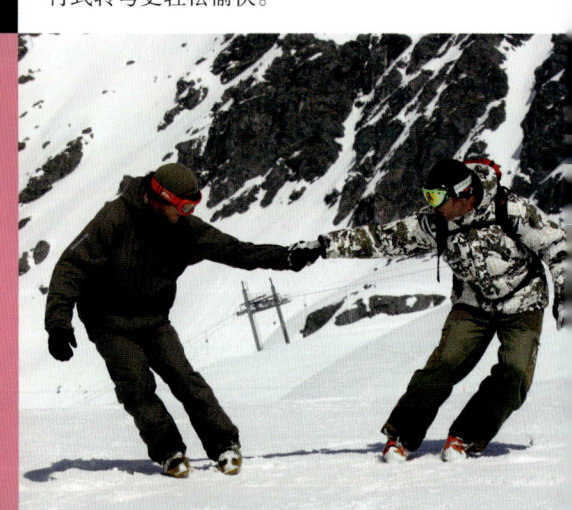

运动中产生的力

当滑雪者在转弯时，身体向内侧倾斜产生的向心力使得滑雪板滑行呈现弧形，这样也避免了身体因离心力作用而向外偏离。与此同时，地心引力赋予了滑雪者操控雪板向下滑行的力量，并抵消来自雪地的阻力。

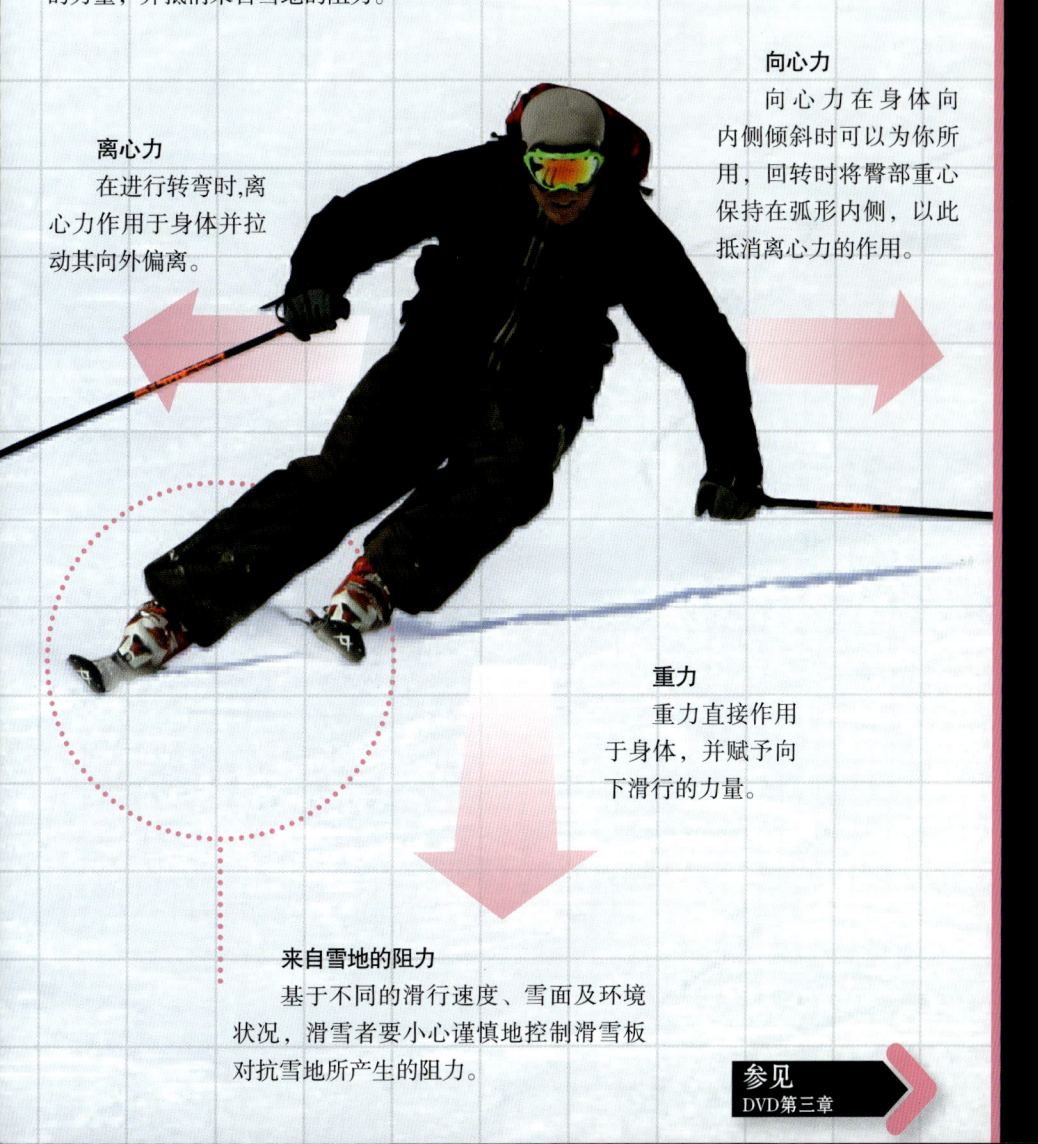

105

了解回转

离心力
在进行转弯时，离心力作用于身体并拉动其向外偏离。

向心力
向心力在身体向内侧倾斜时可以为你所用，回转时将臀部重心保持在弧形内侧，以此抵消离心力的作用。

重力
重力直接作用于身体，并赋予向下滑行的力量。

来自雪地的阻力
基于不同的滑行速度、雪面及环境状况，滑雪者要小心谨慎地控制滑雪板对抗雪地所产生的阻力。

参见
DVD第三章

利用滑雪板板刃

腰线弧度较大的滑雪板（比如夸张的漏斗型），转弯弧度比腰线弧度较小的滑雪板要小。

用于障碍滑雪的滑雪板腰线比自由式滑雪板的腰线弧度要大，因此具有更小的转弯半径。你只需要站在滑雪板上增大弧形滑行轨迹，减小转弯半径，就能进行回转前的转弯练习。在正式进行回转前这是个不错的练习方式。你可以按照以下几个步骤进行练习。

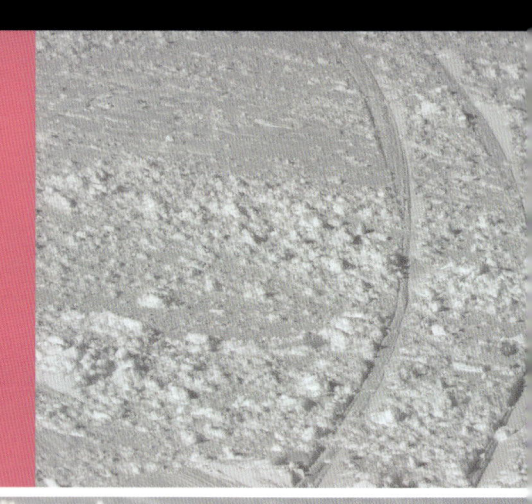

滑雪板的转弯特性

为了体验滑雪板的转弯特性，选择一块平坦的雪地。当向下滑行时，臀部横向于滑雪板，转弯时不要使用腿部操控或者蹬板动作，让滑雪板完全依靠板刃来完成转弯，如此就能了解此款滑雪板的转弯特性了。

倾斜滑雪板

将滑雪板倾斜，使滑雪板只依靠腰线进行转弯。滑雪者无需操控或者施力于滑雪板。

了解回转

施加压力
为了回转效果更好，进入转弯时按照对角线位置调整臀部重心。

保持压力
在转弯时保持向弯内倾斜，保持对滑雪板的压力。

施加压力与操控力
如果转弯时只是利用滑雪板腰线被动进行，滑雪者只能进行转弯却无法控制滑行速度。对滑雪板施加压力并主动操控，就能控制速度。

完成圆形弧线
有效地掌控和利用作用于滑雪板上的各种力，就可以控制滑雪板完成一个圆形的弧线转弯。

富有变化的角度

如果你希望更快地滑行并进行更多富有变化的转弯，你就要与更大的离心力进行对抗。为了做到这点，臀部需要向弯内倾斜得更多，而滑雪板板刃的倾斜角度也必须加大。

许多滑雪者在回转中远远没有达到自己的极限，而其原因主要是在回转时身体的倾斜角度不够大。造成这一结果的原因既有身体方面的也有心理层面的。身体上的阻碍来自于臀部重心位置不自觉地向高处调整，进行拔河练习可以帮助你克服这个障碍，同时也能对心理上的障碍有所帮助。

上身
上身基本保持垂直与平衡。

臀部
臀部重心必须向弯内倾斜。

滑雪板的角度
当身体受到离心力作用时，板刃应与雪地成45°角。

a 臀部练习

为了让腿部倾斜到位，臀部必须横向移动。在转弯时将手放置于臀部外侧，用力将臀部向弯内方向推动，这样可以帮助臀部重心调整到位，并帮助腿部与板刃倾斜至合适的角度。熟练后在没有手掌帮助的情况下重复练习。

b 障碍练习

脱下滑雪板，进行简单的倾倒动作练习。站立于雪坡上，面向下坡方向，然后分别向侧前方和侧后方倾斜身体，确保在倾斜时使用臀部力量。在倾斜到极限时移动腿部进行支撑。

c 腿部内侧练习

转弯时内侧腿通常会不自觉地延迟倾斜。为了协助臀部在转弯中尽早开始移动，将手掌放于大腿内侧，在转弯时协助内侧腿，使之倾斜更大的角度。

使用手掌协助臀部向弯内横向移动。

使用手掌协助内侧腿使其倾斜角度更大。

参见
DVD第三章

回转技巧

109

回转

操控力

在操控滑雪板时，使用肌肉群的力量操控腿部动作十分必要。很多滑雪者仅仅在开始转弯时转动腿部，然后就停下来，这往往是由于滑雪者不知如何利用腿部操控滑雪板，或者缺乏信心，过多依赖滑雪板的腰线弧度进行转弯，甚至是向后倾斜进行转弯。

大腿肌肉群必须在转弯的任何时刻都参与到滑雪板的操控中，以此保持整个动作的持续性，也就是所谓的动态操控。第40-41页的练习能帮助你提高腿部肌肉力量的耐久力，并为转弯中的连续腿部操控动作做好充分准备。

1 腿部操控连续性
左转完成后，滑雪者的身体向右倾斜并开始右转动作。

2 腿部开始向右倾斜，大腿肌肉对滑雪板进行操控使其进入右转状态。

3 大腿持续操控滑雪板转向下坡方向滑行，臀部与上身保持好姿势。

力度与精度

锻炼腿部肌肉力量可以让你更精确地进行控制与掌握。肌肉力量越弱，操控的信心与能力也将越少。当腿部肌肉强壮有力时，双腿的协调性与力量的控制会更好，同时也能够更好地兼顾腿部的倾斜角度和滑行。这样就可以让你在回转时随心所欲地变换转弯角度而不会失去平衡和速度。

回转技巧 111

4 滑雪板继续向右转动，逐渐偏离下坡方向，大腿持续操控，将更多的压力施加于外侧的滑雪板。

5 双腿倾斜渐大，压力也同步增加，双腿继续进行操控。

6 在转弯结束前持续保持操控力度，这将使你在进入下一个转弯时保持滑行速度。

112 回转

均衡的站姿

如果你想完成一次完美的平行式转弯，均衡的站姿十分重要。这意味着你的双脚、膝关节与髋关节必须保持同宽。

有很多种原因导致滑雪者在滑雪时不能保持均衡的站姿。膝关节内旋、两脚距离过宽等都会失去平衡。肌肉控制力弱会使双腿位置不对称，不合适的滑雪靴同样会引起站姿错误。以下练习能够帮助你学习均衡的站姿。

匀称站姿
双脚、两膝、髋关节必须保持同等宽度，而且在转弯中也要始终保持。这需要很强的腿部控制力。

参见
DVD第3章

113　精练技能

内旋
　　左侧的滑雪者由于膝关节与踝关节的内旋而导致不对称。这种姿势会造成滑雪板仅依靠内侧板刃进行滑行，因此很难完成完美的平行式转弯。

外旋
　　右侧滑雪者的膝关节和踝关节外旋而导致不对称。这种姿势会造成滑雪板仅依靠外侧板刃滑行，因此也将难以完成完美的平行式转弯。

1 横向控制练习
　　双板平坦着地并分开一定距离，身体的力量平均分配在两块滑雪板上。用滑雪杖作为支撑，用双脚进行滑动。

2 　确保双脚滑动的力量是平均的，继续保持体重平均分配到两块滑雪板上，使用滑雪杖进行支撑。

3 　继续滑动雪板，利用大腿肌肉控制两块滑雪板互相靠近直到双脚并拢。重复练习几次直到腿部肌肉可以自如地进行横向控制。

114 回转

处理作用力

为了提高回转的技巧，你必须对施加于雪板上的各种力量进行很好的控制。有些力量是由于滑雪者在转弯滑行时弯曲雪板所产生，这样的力量对于回转起到正面的作用。有些力量来自于雪板与雪地之间的摩擦，这就需要你积极控制，避免在转弯结束时发生翻滚的状况。

1 产生压力
当你在转弯时移动身体，你会感觉到身体重心自然地移向滑雪板后方。

2 臀部在转弯结束时会自动将重心移向滑雪板的板尾。因此必须重视在下一个转弯前正确控制臀部的摆动。

3 利用双臂协助推动上身前倾，并相对滑雪板做横向运动，臀部自然会向弯道的内侧移动。

控制压力

在熟练掌握蹬板动作之后，有些滑雪者在滑行中会突然施加过大的压力。尤其在高速滑行时，不少滑雪者在下滑时采用比较生硬粗暴的方式操控滑雪板，这样往往会使动作变形，造成滑雪板脱离或打滑。尝试采用控制板刃并保持平衡的方法来进行滑行。

✓ **保持抓地**

上图的滑雪者使用板刃进行回转滑行时保持着正确的平衡姿势。板刃始终紧抓雪地进行滑行。

✗ **抓地力不足**

上图的滑雪者对较低一侧的滑雪板施加了过多的力量，使得板刃不能紧抓雪地。

4 保持身体各关节的屈曲度，特别是脚踝。当身体重心移至前方时，压力就会作用在滑雪板的前段。

5 此时滑雪板会在压力下弯曲，利用滑雪板的腰线弧度开始回转。

6 在转弯中当感觉身体重心开始向板尾移动时，继续保持身体的倾斜度和腿部的持续操控力。

参见
DVD第三章

陡坡速降

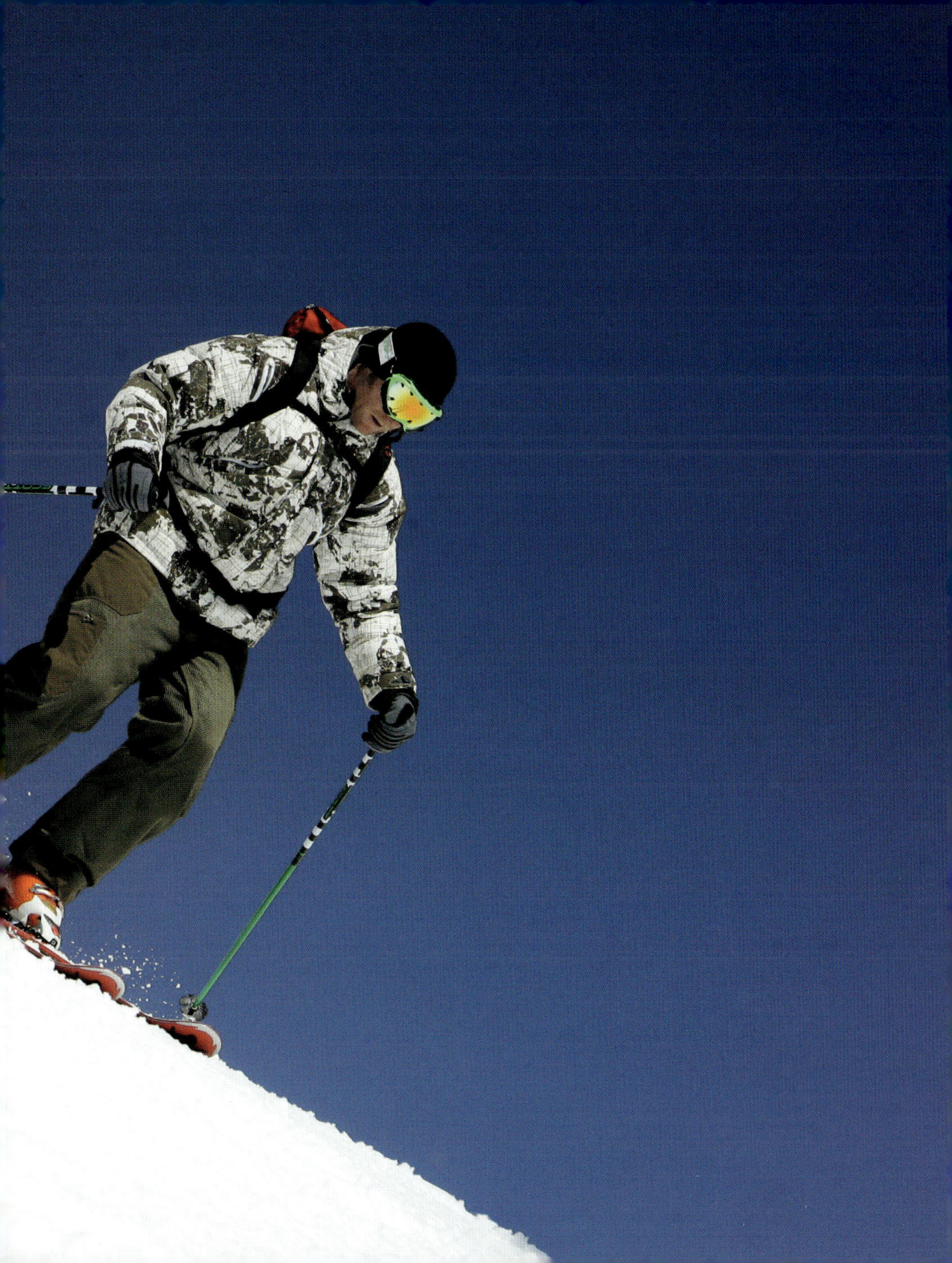

118 陡坡速降

立即开始……

**为何陡坡速降的难度大：
第120-121页**

当你站在坡度非常陡峭的雪道上时，从心理和生理上来讲都与站在缓坡和平地上的感觉大不相同。地心引力将使你快速地冲下山坡，因此你必须十分努力地控制滑行速度。此时你会不自觉地将重心移向板尾，而这会使滑雪板更加难以操控。

建立信心：第122-123页

在陡坡上进行转弯前，你可以采用犁式姿势，这样可以建立更多自信。同时你需要提醒自己在转弯时保持动态站姿，确保每个关节都如同在缓坡上滑行时那样屈曲和运动。仔细观察、判断并处理陡坡中的每个起伏直至到达平缓的区域。

如何顺利征服陡坡：第124-125页

陡坡速降使用点杖动作，有助于提高你的滑行稳定性。滑雪杖将支撑与协助身体的重心始终向前、向下。有针对性地进行滑雪杖支撑练习，可以帮助你提高这方面的能力。以上的相关动作练习都能帮助你保持滑行时的节奏，流畅地滑过陡峭的雪坡。

为何陡坡速降的难度大

与缓坡滑行相比,陡坡速降首先面对的是复杂地形的变化使得滑雪者对滑雪板的操控难度加大;其次,由于转弯速度较快,滑雪者需要在较短时间内非常流畅地切换转弯动作。坡度越陡峭,转弯时自由落体的感觉越明显,这就意味着需要更出色的平衡性并付出更多的力量操控雪板。

大多数人在陡坡速降时身体重心会本能地向后倾斜。身体重心向后倾斜会造成板尾深入雪地,这将为操控滑雪板带来一定困难。此时你会感到滑雪板内侧在转弯时被拖拽,下滑的加速度增加,因此很难控制雪板。弯内一侧的滑雪板前冲,使过弯速度大大加快,这一切都会让你产生失控感。同时,陡坡速降时重力感更强,会让你觉得身体变得沉重,因此你必须非常仔细地感觉较低一侧滑雪板上的压力,如果压力过大,滑雪板就无法利用板刃抓住地面,有可能致使这侧滑雪板向外偏出,最后失控摔倒。

参见
DVD 第四章

下滑时的正确姿势

当向下滑行时,保持身体重心在脚踝之前,踝关节屈曲,身体不后倾。

下滑时的错误姿势

确认脚踝保持屈曲,身体重心落在脚后方。如果身体向后倾倒,板尾将深入雪面,此时很难操控滑雪板。

转弯结束时的正确姿势

在转弯结束时让身体向雪道方向倾斜,将板刃深入雪中。保持上半身与雪坡垂直,将为下一个转弯创造稳定的姿态。

转弯结束时的错误姿势

未使上身向弯道内侧倾斜,这将使板刃抓地角度变平并加大较高侧滑雪板上的压力,这时另一侧滑雪板就会打滑。

建立信心

如果你想提高滑雪技能，在陡坡雪道上建立信心非常必要。以下内容是帮助增强自信的关键。

许多滑雪者在陡坡速降时缺乏自信从而失去平衡。他们过于紧张并且没有屈曲脚踝致使身体向后倾斜。恐惧感都会有，只有继续保持正确的姿势，脚踝才会保持屈曲。努力使脚踝在整个滑行过程中都保持屈曲。

另外一个保持自信的方法，是在第一次陡坡速降时选择比较熟悉的雪场或者地形。选择由陡坡至缓坡的地形，滑雪者可始终看见终点，这也能协助建立信心。

选择合适的雪道

如果滑雪者仍处在学习阶段，不要强迫自己去陡峭的坡度滑行，要从熟悉的区域开始。

1 **采用犁式滑行姿势**
刚开始转弯前的时刻往往是初学者最缺乏信心的时候。采用犁式姿势可以使转弯变得轻松自在。

2 移动较高一侧的滑雪板与另一侧滑雪板成一定角度准备进入犁式滑降，随后将重心移动到较低一侧的滑雪板并开始做蹬板动作进入犁式转弯。

3 控制好转弯的动作和速度。

✓ **正确的脚踝屈曲**
为了保持正确的脚踝屈曲姿势，使臀部重心在转弯中始终位于脚踝前方，双手位于身体前方。

参见 DVD第四章

✗ **错误的脚踝屈曲**
不要让臀部重心位于脚部后方或者伸直踝关节，否则会失去对滑雪板的控制。

陡坡速降

如何顺利征服陡坡

在陡坡上进行平行式转弯，必须保证臀部始终在脚踝前方并指向滑降方向。将滑雪板平放于陡坡上，当滑雪板与雪面贴合，你就可以开始操控并进入转弯。转弯时操控板刃抓紧雪地，转弯结束时雪板保持与雪面平行，下一个转弯时继续操控板刃。

将身体重心放在脚踝之前进行陡坡滑降，是一种令人惊心动魄的体验。滑雪者通常在臀部还没有移动至正确位置前就操控滑雪板开始滑降，这就变成了犁式滑降而非平行式。为了增强信心并练习相关动作，可以使用滑雪杖来降低难度。

1 滑雪杖支撑

将雪杖插入较低一侧滑雪板前，靠近脚后约1米的位置。将手掌放置于雪杖的顶端，保持手臂伸直，用滑雪杖支撑身体。

2 用雪杖支撑身体的同时，将臀部移动至脚踝前方，做此动作时应始终使重心落在雪杖上，当滑雪板与坡面平行时开始控制腿部肌肉。

使用滑雪杖

当你练习过点杖动作之后，可以将操作中的感受运用于陡坡滑降中。当运用点杖动作时，体验臀部超越脚踝部的移动，然后放平滑雪板。只要采取正确姿势，陡坡上的平行式滑行就将变得很简单。

点杖动作
正确的点杖动作将给予你信心，并有助于保持身体重心。

3
当你开始控制腿部时，保持臀部的平衡。陡坡滑降进行转弯时幅度不要过大，可以想象你置身于一个2米宽的雪道上。

4
当完成转弯时保持臀部正对陡坡下方，操控滑雪板横越陡坡来控制侧滑。

参见
DVD第四章

猫跳

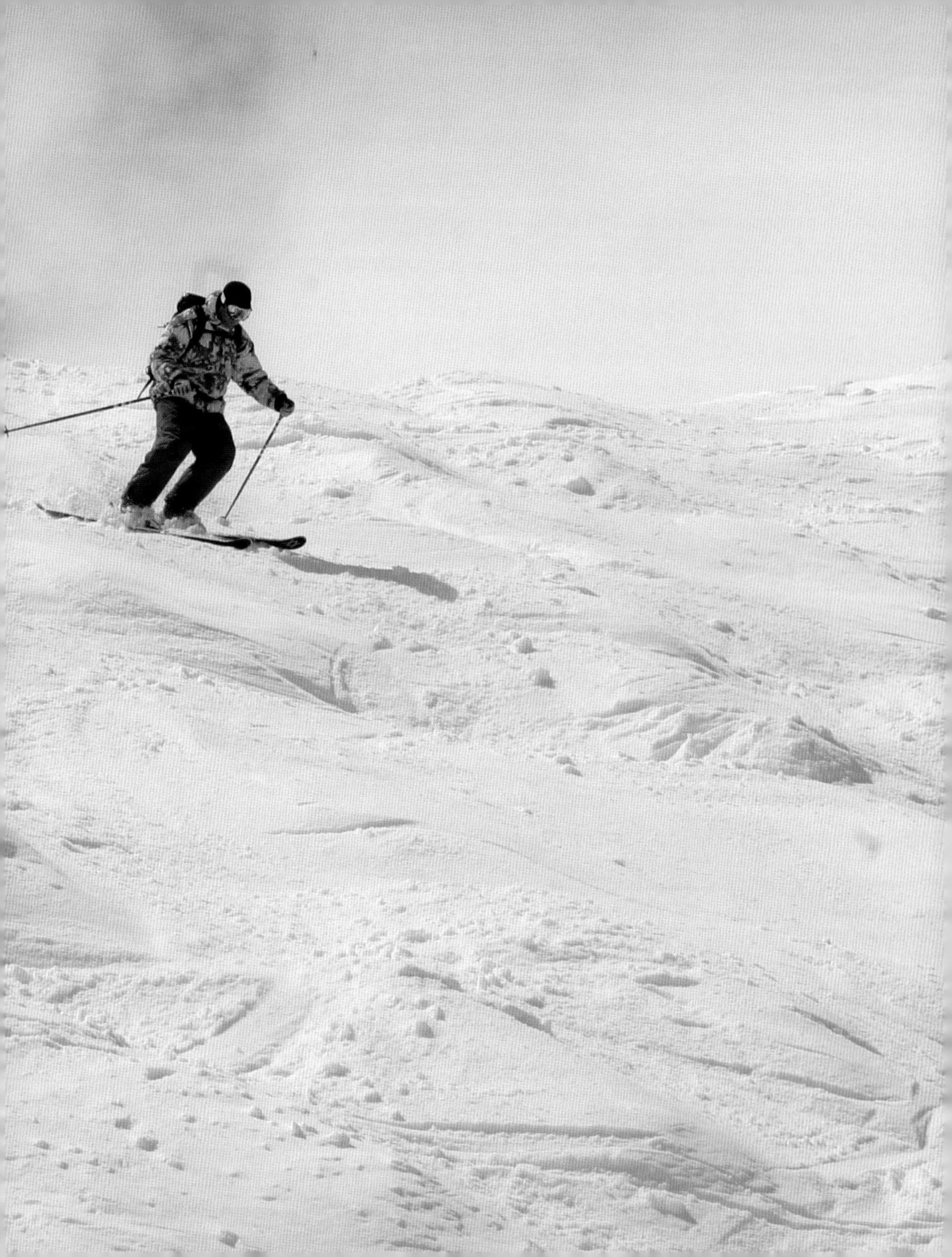

陡坡速降

立即开始……

初学者的雪堆: 第130-131页

在滑雪场上,经常可以见到被许多滑雪者来回碾压而形成的雪堆,这种自然或非自然形成的特殊地形,可以增加不少滑雪乐趣。要想在这种雪堆上进行跳跃特技,你就需要发展转身和横滑行这两项技能。当你能自如地进行猫跳动作时,你将更自信并享受更多滑雪的乐趣。

提高猫跳技能: 第132-133页

当你初步掌握了转身和横滑行技能后,你将能够在进行猫跳时拥有更强的控制能力。能够进行简单猫跳动作以后,你可以将滑行路线调整得更窄、更直来挑战自我。

更大幅度、更陡峭的猫跳滑行: 第134-135页

你可以尝试跃过更大的雪堆或者更陡峭的猫跳坡道,进一步提升猫跳能力。为此你需要加强技能训练以便吸收更强烈的冲击,同时正确使用点杖动作以保持稳定站姿。当你做到了这些,你就可以在任何地形中滑行了。

130 猫跳

> 参见
> DVD第五章

初学者的雪堆

猫跳滑行与雪道滑行最大的区别,是猫跳时腿部的横向倾斜幅度要小得多。如果你从未进行过猫跳滑行,那你在操控时会不自觉地倾斜腿部,这样所产生的加速度对于刚开始学习猫跳的人来说有点过快。为了帮助你更好地感受猫跳动作,在转弯时不倾斜双腿,以便在猫跳中控制速度。

1 腿部操纵转向

要在一个狭窄的雪道上完成连续回转,需要运用大腿的旋转进行操控。

2

将滑雪板平坦地与雪面接触。继续通过大腿进行操控,保持臀部始终朝向下滑方向。

1 **侧滑转弯**
当侧滑转弯时,增强大腿的操控性进行旋转,而无需倾斜腿部。

2 让臀部越过脚踝部并旋转大腿。臀部与肩部同时朝向下滑方向。

3 当臀部旋转到位,滑雪板与下滑方向呈90°向下侧滑。

3 让臀部始终超越脚踝部,确保双腿不向外倾斜并保持弯曲。

4 完成每一个转弯时都以90°角与滑降方向交叉,从不同方向多次重复练习这一动作。在做上述练习时,将动作幅度控制在2米范围内。

猫跳技巧

正确使用侧滑转弯技巧，能够使你在猫跳时保持自信与控制力。在控制滑行速度的同时寻找合适的滑行路线。需要注意的是，当经过雪面平滑的区域时还是应该利用腿部的倾斜控制下滑动作。

1 连续猫跳

为了保持滑行的连续性与速度，在雪堆顶端旋转滑雪板，这是滑雪板接触雪面面积最少的地方。

2

当从雪堆高处向下滑落时，尝试将滑雪板调整到一个合适的角度进行侧滑动作以控制滑行速度。

在雪堆顶部旋转滑雪板

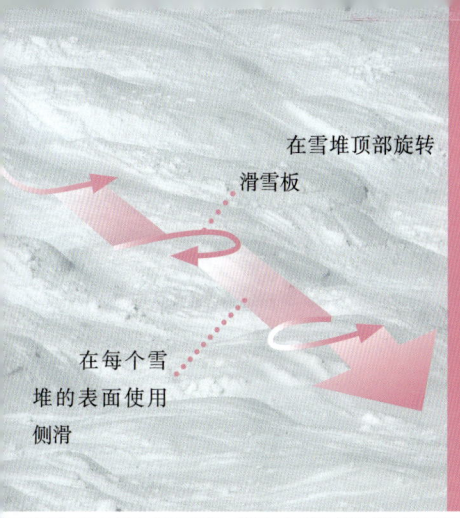

在每个雪堆的表面使用侧滑

寻找滑行路线

绝大部分猫跳区域都有大小不一的雪堆，根据自身水平可以选择不同的路线进行连续猫跳动作。初学者可以寻找那些形状大小相似的雪堆进行连续猫跳练习。最容易旋转滑雪板的地方是雪堆的顶部。当滑雪板旋转到位后从雪堆表面侧滑下落，控制好速度开始另一个猫跳。

参见
DVD第五章

3 当到达两个雪堆之间的最低点时，保持身体重心落在滑雪板的正中，滑雪杖对准面前的雪堆。

4 当开始向雪堆顶部滑行时，保持腿部关节的弹性屈曲以缓冲压力。利用稳定有利的点杖动作协助旋转腿部准备进行下一个转弯。

高难度猫跳

在陡峭或更大、形状更复杂的雪堆区域进行连续猫跳时，仅仅用侧滑来做猫跳之间的衔接是不够的，这个阶段需要更好的滑行速度与路线控制能力，这就意味着需要更强大的力量、更强壮的心脏、更好的吸收震荡和保持姿态的能力，以及快速精准的点杖动作，这样才能在更复杂困难的地形上进行连续猫跳。

越过较大雪堆时，所有动作的速度就会变得更快。如果失去平衡很快就会跌倒。进行这种高难度挑战之前，按照以下步骤在雪堆上进行技能练习，直至熟悉这种感觉，并复习第94-95页脚踝屈曲练习。

寻找合适的路线

如果在陡峭的猫跳雪道中选择较为笔直的路线（见右图上部），需要吸收强烈的震荡，身体蜷缩并且保持力度。在平坦的区域则可以选择弧度更大的路线。

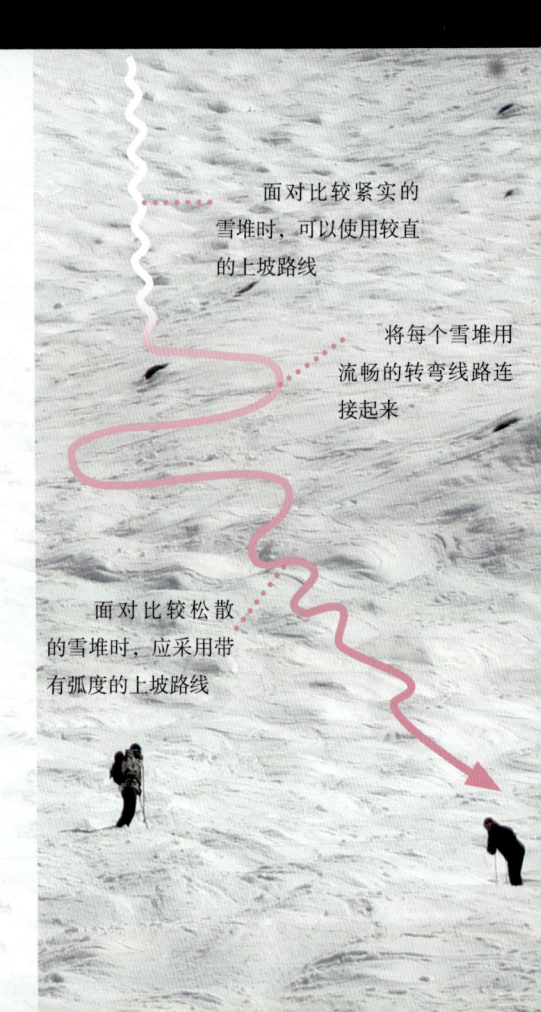

面对比较紧实的雪堆时，可以使用较直的上坡路线

将每个雪堆用流畅的转弯线路连接起来

面对比较松散的雪堆时，应采用带有弧度的上坡路线

a 缓冲

冲上雪坡时会产生剧烈的震荡，要采用正确的抬脚动作以缓冲震荡。到达坡顶后伸展身体，将压力转移到滑雪板的前部。伸展腿部时会产生摩擦力，有助于控制滑行速度。

b 力量核心与点杖动作

随着猫跳幅度的加大，作用于身体的冲击力也随之增大。身体必须更加稳固，以避免上身受到冲击后失去平衡导致向前摔倒。同时，这种情况下的点杖动作要快速有力。

c 双脚同步

使用身体收缩的姿势进行滑行，将力量平均分配至滑雪板上。使用横向控制练习（见第112–113页），以此加强腿部力量，保持身体力度。

参见
DVD第五章

更进一步

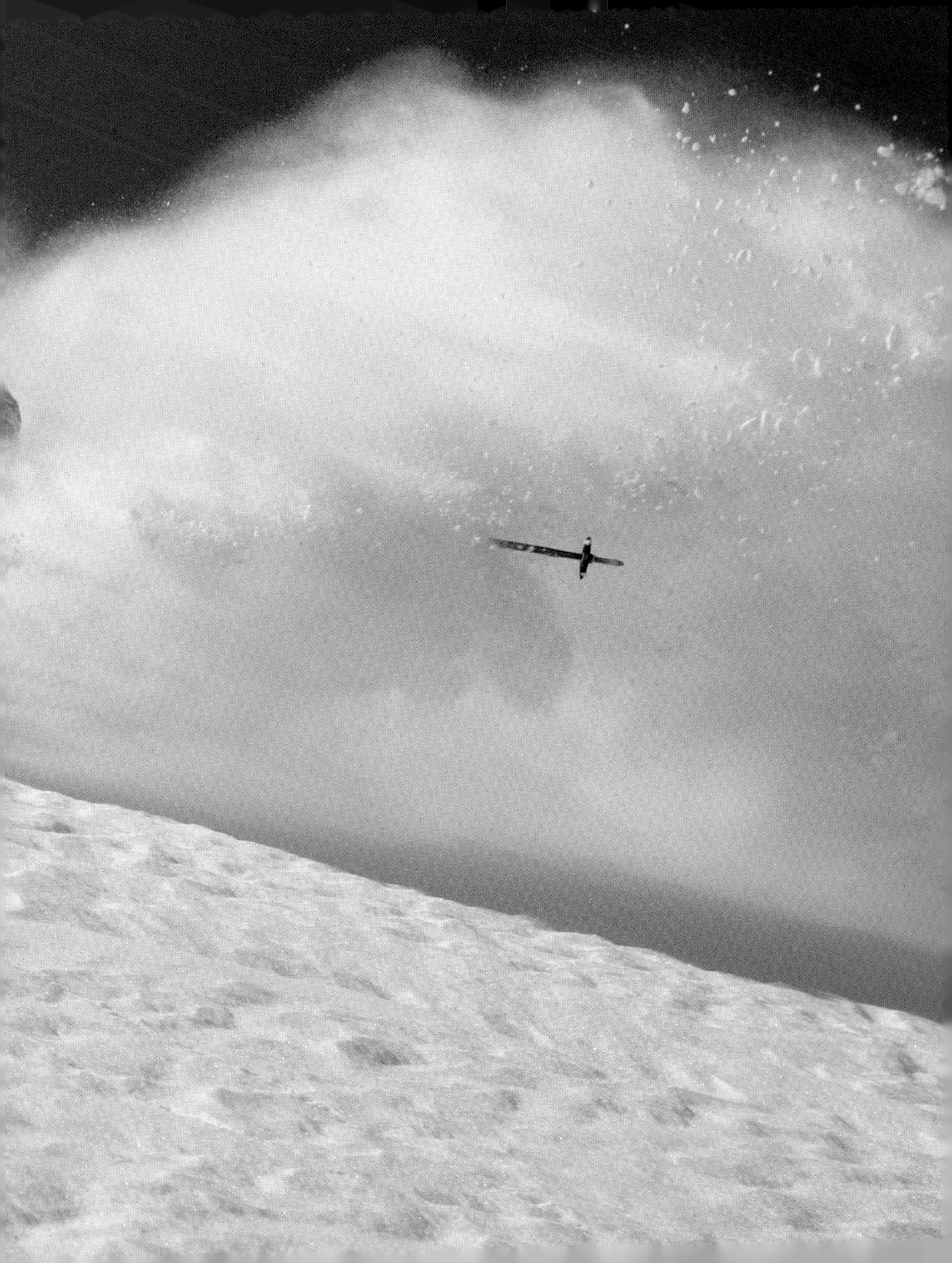

138 更进一步

立即开始……

野外滑雪: 第140–145页

  野外滑雪是滑雪运动中最激动人心和令人难忘的一项。在野外你会遇到各种各样的雪面类型，如由天气状况或其他滑雪者滑行造成的粉状雪面等。在这种状况下滑行所需要的技能可以通过在正规雪道中练习猫跳、陡坡速降以及回转获得。

自由式滑雪: 第146–151页

  从70年代起，自由式滑雪成为滑雪运动的重要比赛之一。近年来随着双向板头雪板与众多滑雪公园的产生，自由式滑雪的发展势头更为迅猛。自由式滑雪能带来无穷的乐趣与刺激的感受。自由式滑雪的基本技能包括滑行方向的改变（倒滑）、旋转、交叉雪板、跳跃与抓板等。

什么是野外滑雪？

野外滑雪泛指野外滑行的各种形式。在粉状雪面上滑行的感受虽然无与伦比，但同时也必须注意有些雪面的状况并不是那么理想，此时就需要具有卓越的滑雪技能。

野外滑雪同时也诠释了滑雪运动的精神。在宁静安详的乡村野外，滑雪板在雪上飞溅出雪花，在这样自然纯净的户外环境下，你可以随心所欲地自由滑行。

a b

参见
DVD第六章

a 天气状况对雪面的影响

粉状雪的形态会由于气温与大风而改变，这两个因素可能造成雪面上形成一层坚硬的外壳。请注意观察雪花的大小。

b 颗粒状雪

颗粒状雪的形成是由于气温升高以及被紧密压实。阳光照射在雪地表面，使雪面的表层反复融化。这样的雪面通常出现在午后或是滑雪季的后期。

c 粉状雪

粉状雪是最适合滑行的，它出现在降雪后1~2天。可以观察一下雪面结晶体的细密程度。

d 碎屑状雪

这种雪质从理论上来说可以用来滑行，但要求滑雪者具有很高的技术水平，因此在这类雪地上滑行，有助于提高滑雪技术。此种雪质是粉状雪被大量的滑雪者反复滑行碾压后形成的。

野外滑雪的窍门

- 在滑行中为了能使两腿更加并拢，可采用收缩身体的站姿。

- 在崎岖不平的雪面上，采用收缩站姿会更稳固。

- 在颠簸的雪地状况下会产生许多不可预知的冲击力，最好保持身体的刚性，这样可以避免上身突然前冲而失去平衡。

- 驼背收肩也将导致身体失去重心而前倾。伸展肩膀可以避免上述状况。

- 增强点杖动作力度，双手可以分担双脚所承担的压力，使身体可以得到稳定支撑，并感觉更轻盈。

野外滑雪的初学者

多变的雪地状况将是初学者面对的最大挑战,这需要良好的平衡技能、协调能力和持续控制技巧。在这种情况下,为了保证流畅与可控的滑行,滑雪者需要时刻调整姿态和操控方式。

要想在多变的雪地状况中流畅滑行,有四种方法可以帮助你调整姿态并保持平衡:利用大腿力量操控;在双脚之间保持良好的平衡;在雪道上滑行时尽量缩小双板之间的距离;使用稳定的点杖动作辅助转弯。以上四种方法能有效地使滑行更加顺畅完美。

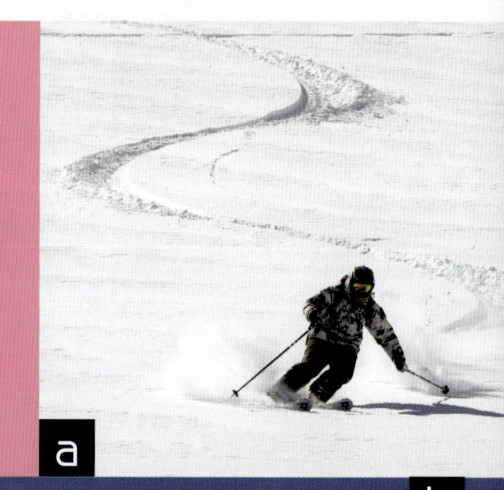

野外滑雪143

c

a 循序渐进地操控
雪地上清晰均匀的滑行轨迹,能够证明滑雪者的控制力度连续均衡。相反,不均衡的发力会在滑行轨迹上形成一道道深浅不一的痕迹(请见第145页)。

b 并拢站姿
在粉状雪面上滑行最好采取两腿并拢的站姿。滑雪板之间的距离相隔越远,雪板就越难保持方向上的一致。所以要减小双脚之间的距离,即平时在雪道上滑行时两脚距离的三分之一。

c 双脚均衡
在多变的雪地状况下保持平衡不太容易,因此必须将身体重量平均分配到双脚上,并将重心准确保持在双脚之间。

d 有力的点杖动作
有力的点杖可以增强转弯起动时的力度,并在各种雪面情况下保持平稳。

d

更多粉状雪地滑行技巧

当自信心与技巧有所提高后,你就会希望在进行野外滑雪时达到更快的速度。而野外高速滑雪将考验你在极端状况下使用技巧的能力。

在粉状雪地中高速滑行,任何一个生硬的转弯动作都会让你感觉像是撞上雪墙一样。因此,在转弯时必须保持节奏感与流畅性,即便如此,你仍然会感受到比平时滑降时更强烈的作用力。有些技巧可以帮助你应对这些状况,比如保持腿部肌肉紧张和上身姿态等。

在较深的粉状雪中滑行

野外滑雪所面对的雪地既未修整也不稳固,雪面的状况无时无刻不在变化。如果你无法合理分配两块滑雪板上的力量,滑雪板很可能就会陷入雪地中。在转弯时保持腿部肌肉的张力,对平衡双板之间的作用力十分重要。当然,绝对的平衡是不可能的,但却是你永远追寻的目标。

雪面
积雪深厚的粉状雪面多变而不可预测

力量控制
完成一个流畅的转弯需要连续精准的力量控制技巧

腿部状态
保持腿部张力可以使滑雪板并拢,即使在转弯时产生的强大作用力都不会使它们分开

野外滑雪

在积雪较深的粉状雪地转弯

在粉状雪地高速滑行时，巨大的压力会作用于较低一侧的滑雪板上。当你操控雪板横越雪坡时，滑雪板将粉状雪向外挤压并推开，导致雪由于外力的推压形成雪沟，这会让你感受到来自弯外侧方向的巨大压力，因此你必须在这种压力下努力保持身体姿势稳定。这种巨大作用力将会考验你的腰部力量，如果腰部力量不足，将致使上身前倾并最终摔倒。为了避免这些状况的发生，你必须激发全身重要肌肉群并尽量通过双腿来化解压力。

激发重要肌肉群

在粉状雪面进行转弯以及承受雪带来的巨大压力，需要激发人体重要肌肉群。

越过雪墙

来自滑雪板的作用力将雪压紧，这将在转弯弧线外侧形成一道雪墙。

参见
DVD第六章

自由式滑雪的初学者

自由式滑雪产生于70年代初。最近10年这项运动蓬勃发展，吸引了越来越多的滑雪爱好者参与其中。如今大部分滑雪场都建有滑雪公园。在加入这项运动之前，你必须了解自由式滑雪中的两项关键技术，即滑行转换与地面旋转。

1
如何进行地面旋转
使用大腿力量旋转滑雪板的尾部使其转向雪坡下方。

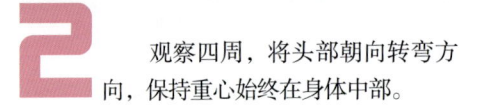

2
观察四周，将头部朝向转弯方向，保持重心始终在身体中部。

自由式滑雪

147

头部
始终朝向滑行方向

双手
自然下垂，同站姿保持一致

腿部
保持双腿对称站立，滑雪板板底平行接触雪面

双头雪板
滑雪板的两头都是翘起的

参见
DVD第六章

滑雪方向切换

滑行时切换方向（倒滑）最好使用特殊的双头滑雪板，即板头与板尾都是圆头，这样的滑雪板前后两个方向都能滑行。在第一次尝试时，最好选择在平坦的雪面上进行。倒滑时要扭头观察附近是否有其他滑雪者，以避免碰撞。

3 继续旋转滑雪板的尾部，让其与雪面保持平行。

4 在旋转进行到一半时，控制板头朝向下降方向。

5 保持双板平行直至完成旋转，此时板头应朝向下降方向。

尝试第一次空中跳跃

自由式滑雪中最有乐趣的项目之一是空中跳跃。尝试这个动作之前最好先在平坦地面进行跳跃练习，在滑行时用双臂带动身体跳跃，这个练习的动作要领与跳跃雪堆完全一样。

当你的跳跃动作有了一定成效后，可以尝试在一些小型高台上练习。高台也就是由雪堆砌成的坡道，对起跳很有帮助，而且也有着陆雪道来缓冲身体着地时的震荡。

1 从高台上开始跳跃

开始时全身放松，冲上高台时全身的关节保持弹性。抬头，双手在身体前方，以此保持平衡。

2 当到达高台顶端时，适时地伸展腿部开始起跳。在整个过程中关节仍要保持一定的屈曲。

自由式滑雪 149

3 当腾跃在空中时,保持腿部关节的弹性,抬头,视线正对着陆点方向。

4 着陆时注意使滑雪板同时触到雪面并受力均衡。脚踝关节保持屈曲对着陆时保持平衡并缓冲震荡尤为重要。

参见
DVD第六章

150 更进一步

进入滑雪公园

当平地跳跃与高台跳跃动作熟练后，就可以开始进行其他空中动作练习。所有的动作练习要点都在于良好的平衡以及空中感觉，同时需要一定的高度进行起跳以拥有足够的时间进行空中动作。你可以练习抓板与双板交叉动作来测试并提高平衡能力和空中感觉。

a

b

参见
DVD第六章

自由式滑雪 151

滑雪公园

现在滑雪公园已经成为大多数滑雪场的重要组成部分，拥有了一系列的标准及特色。公园内划分不同等级的绿色、蓝色、红色以及黑色区域。在滑雪公园滑雪时应尊重其他滑雪者，选择与自己水平相符合的雪道，同时不要在公园内的危险地带，如着陆区域、雪道以及雪道出口处停留。

a 双手触靴
抓板之前的准备动作是触摸滑雪靴，并且抬头直视前方。

b 空中抓板
手臂向下移动，脚部屈曲，用手抓住滑雪板的板刃，另一手臂伸出保持平衡。

c 双板交叉
在进行高难抓板动作之前，先尝试简单的空中双板十字交叉动作。注意在着陆之前预留足够时间以恢复双板平行。

d 高难抓板
当到达跳跃的最高点时，将一个滑雪板在身体前方旋转45°，然后弯曲腿部，伸手抓住雪板，然后恢复双板平行。

有关滑雪的网站

通过搜索讯息，获取更多有关滑雪运动的内容，网络可为你获得更多滑雪相关内容。

英国与爱尔兰的资讯

www.skiclub.co.uk

英国滑雪俱乐部是英国最大的双板滑雪俱乐部，是英国拥有滑雪类资讯的最大图书馆。这个网站还具有每日新闻服务。

www.ifyouski.com

这个网站能够提供所有的滑雪内容，并具有及时更新的资讯，还有假日滑雪预订系统，你可以通过系统预订整个假日的行程。

www.warrensmith-skiacademy.com

这个网站是一个滑雪教练员组织，在阿尔卑斯山为英国滑雪者提供培训，以及在冬季与夏季提供滑雪课程资讯和视频教学。

www.snowandrock.com

英国最大的冬季户外用品经销商，提供滑雪服装与装备。

www.skiclub.ie

非盈利组织，推广爱尔兰的滑雪活动。

美国与加拿大的资讯

www.powdermag.com

海量信息与内容，包括视频、图片以及全世界最精彩的滑雪内容。

www.freeskiers.org

国际花样滑雪爱好者协会网站，发布美国花样滑雪与滑雪追逐赛活动信息，同时还有其他各类比赛与活动链接、运动员名录，以及花样滑雪的教程。

www.ski.com

网站发布关于美国与其他国家滑雪的所有内容，包括滑雪技巧和安全常识等。

www.skicanada.org

加拿大滑雪理事会网站，提供滑雪运动专业服务，以及澳大利亚与新西兰滑雪相关资讯。

澳大利亚与新西兰的资讯

www.ski.com.au

澳大利亚最早建立的滑雪信息网站，包括假日滑雪资讯、滑雪技能以及装备等内容。

www.skiingaustralia.org.au

澳大利亚双板与单板滑雪网站，是国家滑雪协会网站。网站包含最新运动员资讯以及滑雪教程。

www.snow.co.nz

包括新西兰的滑雪资讯、假日滑雪预订、滑雪场信息、滑雪技能常识、天气与降雪预报，以及滑雪视频。

www.freeskier.co.nz

网站提供新西兰花样滑雪的即时更新信息与资讯。

153　更多内容

滑雪词汇

A型站姿 - 滑行时膝关节之间的距离小于双脚之间的距离（滑雪时的错误姿势）。

脚踝屈曲 - 在滑雪靴中脚踝关节向前屈曲。

野雪 - 原始山地，即滑雪道外的区域。

固定器 - 连结滑雪靴与滑雪板，在跌落时可使滑雪靴脱离。

生物力学 - 在滑雪时人体力学动作。

滑雪靴屈曲点 - 在滑雪靴脚踝处，可使踝关节在滑雪靴中自如移动。

蹬踏转向 - 缓慢下降时的转弯。沿下坡最短路线回转滑行。

弧度 - 在滑雪板板腰处，这样的滑雪具有良好的柔韧性，也更能适应雪地状况。

回转 - 平行式转弯，在雪地上切出干净的弧形，同时保持动态站姿。

重心 - 在肚脐上部，开始学习滑雪时重心必须放在前脚掌上。

核心动力 - 在滑雪时运用腰部和腹直肌的肌肉。

动态站姿 - 滑雪者在滑行时必须保持平衡的身体姿势。

板刃 - 滑雪板板身边缘。

滚落线 - 下坡最短路线。

国际滑雪联合会规则 - 国际滑雪联合会制定的10条规则，必须在滑雪时严格遵守。

野外滑雪 - 一种在野外全地形雪地中的滑雪，也称为自由式滑雪。

抓板 - 自由式滑雪中，滑雪者在跳跃过程中抓住滑雪板的某个部分。

内侧腿 - 在转弯时位于内侧的腿，如向左转弯时，左腿即为内侧腿。

J型转弯 - 使用犁式转弯，在结束时雪板微微向后旋转，偏移平行的感觉。

分层系统 - 不同材质的服装进行叠穿可保持温暖，并散热透汗。

猫跳 - 堆砌雪堆，使滑雪者在雪道的同一区域进行转弯。

O型 - 双臂的姿态，保持上半身有力稳固。

外侧腿 - 在转弯时位于外侧的腿，向左转弯时，右部的腿即是外侧腿。

平行转弯 - 滑雪板同时转弯，保持平行。在滑雪培训的第一或第二周时学习这种技能。

滑雪词汇 155

雪道地图 - 在购买缆车票时你会得到雪道地图，此图上标注着所有雪道。

虚拟雪道 - 避免上身旋转以及增强腿部操控性的练习。

点杖动作 - 将滑雪杖插入雪地协助转弯。通常在高速和转弯半径内转 - 当双脚向内旋转时，膝关节同时向内转。

反向弧面 - 当站立于滑雪板上，滑雪板的拱形可以向反方向弯曲，在回转时十分有用。

腰线 - 大部分滑雪板呈沙漏形，可在转弯时进行协助。

侧滑 - 在狭窄陡峭的雪道滑行时，这是一个易于控制的方法，同时也可帮助建立自信。

溜滑 - 类似于直排轮滑或滑冰的技巧，使用于平缓的雪道。

滑雪学校 - 绝大多数的滑雪场中都有，是滑雪初学者学习滑雪的去处。

雪墙 - 当滑雪者转弯时，粉状雪被压紧时产生。

犁式 - 滑雪板呈楔形，可提供基本的操控性与转弯能力。在滑雪学校可学到此项技能。

操控动力传动 - 来自腿部平滑、持续的操控动作，比紧急操控动作更有效。

趋向外转 - 当脚部向外旋转时，使滑雪者腿部呈弓形。

调转 - 调转滑行。自由式滑雪者通常使用此项动作。

大腿操控 - 强有力的腿部操控动作。

横滑 - 在同一高度使用板刃切坡滑行。

转弯半径 - 多窄的滑雪板也能够转弯。Slalom的滑雪板具有极小的转弯半径。自由式滑雪板具有极大的转弯半径。

雪道等级		
美国、加拿大、澳大利亚、新西兰	欧洲	难度等级
🟢	━━	宽阔、平缓、整洁、初学者雪道
🟢	🟦	初级雪道，坡度平缓，或者比初学者雪道稍狭窄
🟦	━━	中级雪道，通常坡度都比较平缓
◆	━━	高级雪道，坡度陡峭，地形各异，超越中级雪道的等级
◆◆		如同陡峭与落差很大的沟崖

版权声明

书名：Go Ski

作者：Warren Smith

Copyright：© 2006 Dorling Kindersley Limited

Text copyright：© 2006 Warren Smith

All rights reserved. No part of this publication may be reproduced, stored in a retrieval system, or transmitted in any form or by any means, electronic, mechanical, photocopying, recording or otherwise, without prior permission of the copyright holder.

图字：01—2009—1266